【文庫クセジュ】

100語ではじめる社会学

セルジュ・ポーガム編著
阿部又一郎／渡邊拓也／原山哲訳

日本語版序文

セルジュ・ポーガム

社会学の目的は、社会的人間 l'homme social、または社会化された人間 l'homme socialisé に関することに向けられる。社会学者たちは、一般レベルでは、自分たちの専門分野《ディシプリン》が、社会関係の科学であることに、容易に同意するであろう。諸々の社会関係が、環境 milieu によって――社会化という枠組みで――押し付けられて伝達され、そして、それらがまた個人によって体験され維持されているように。だが、この一般的な定義を越えたところで、社会学者はいかなる方法論を用いて研究を行うのだろうか？　社会学の主要な概念とは、どのようなものか？　個人と社会との関係が定義づけられるのは、いかなる社会的属性を通じてであるか？　これらが、本書で答えようとする主要な問いである。個別に問われれば、社会学者がみんな、同じ答えをすることなどはほとんどありえない。社会学という専門領域には、さまざまに異なるアプローチや感受性、さらには学派がみられるのだから。協議していくことが欠かせないのは、そのような理由からである。

今回この入門書「クセジュ」の項目を選んで編集するにあたり、二〇一〇年に創刊された雑誌『社会学《ソシオロジー》 *Sociologie*』*の編集委員会に属する二十五名の社会学者が何度も集まって検討を重ねた。彼（女）

たちは、本書を準備すると同時に、この一般向けで主題に偏りのない雑誌の方向性を定義づけてきた。本書は、雑誌の創刊号と同じ日に刊行された。したがって、この100の社会学用語は、若手の社会学者たちが大多数を占めるこの雑誌の編集委員会のダイナミズムによる恩恵を受けている。彼（女）たちは、一九六〇年代から七〇年代の潮流のなかで生じた学派や方法論の諸対立を克服すべく、社会学という専門分野《ディシプリン》における多元的かつ厳密なアプローチを大事にしようと心をくだいている。

各執筆者たちは、できるだけわかりやすい説明を心がけ、それぞれの項目の選択理由や、ときには異論についても解説している。本書は、こうした複数の視点をつきあわせることで編集されている。したがって、専門家の合意に基づいたやり方と、絶えざる教育的配慮のもとに、社会学という一つの専門分野《ディシプリン》およびメチエ**の中心をなすものを定義づけようとする意図を本書は表している。各項目の概要は、それぞれの著者によって書かれているが、本書の内容全体は、繰り返し読まれて、一つの専門家グループの承認を受けている。

ただ、ここで疑問が一つ残されている。本書で選別された社会学の100語は、果たして日本の社会学者によっても同じように選ばれるであろうか？　そうであると首肯することはできよう。なぜなら、ここに挙げた100語は、境界（国境）を横断する〔普遍性をもった〕用語であるから。それらは、さまざまな領域や概念、方法論などを表し、社会学的伝統に十分に依拠しており、社会学者が、いかなる国に帰属していても、みずからの研究にとって拠って立つものである。しかるに、日本の社会学研究の特有性を鑑みれば、これらに、いささか補足が必要と判断されることもわからなくもない。したがって、日本の読者諸氏に、本書の用語リストを補完する気配りをお願いすることで、その作業が、これから実り多き日仏交流を促してくれるものと期待している。

それでも、本書が多くの専門家たちの共同執筆によるものであることから、著者たちの率直さ、討論、総括する精神《エスプリ》は、紛れもなく日本の読者にとって十分な内容であることを保証したい。読者はそこに、著名な社会学者を代表するグループによって妥当とされ、文献的にも裏打ちされた厳密な定義づけを認めることができよう。また同様に、〔社会学という〕自分たちの専門分野を、たくさんの人たちに接続可能なものにしようとする執筆者たちに共有された意図を感じ取ることもできるだろう。

本書における編集当初の選択は、社会学の言葉を取り上げることで、社会学者の名前を留めることではなかった。本書の教育・啓発的な配慮から、日本語版の訳者たちは、あとがきのなかで伝統的または現代社会学の潮流のなかから何人かの特徴的な社会学者について補足的に紹介することを望まれていた。そのあとがきが付け加えられることで、本書がさらに多くの日本の読者諸氏の期待に応えうるものとなることは望外の喜びである。

＊〔訳注〕セルジュ・ポーガムを編集委員長とし、幅広い読者を想定して創刊されたフランスの社会学雑誌。現在、年四回発行され、電子版も入手可能（http://sociologie.revues.org/）。

＊＊〔訳注〕métier は実践によって身についた技芸、「わざ」。詳細は、参考文献（2）参照。

目次

第一章　姿勢

1　比較 Comparaison

エミール・デュルケムは次のように主張した。「比較社会学（sociologie comparée）は、社会学の一特殊分野ではなく、純然たる記述的なものであることをやめて、諸事実の説明へと方向づけられるかぎり、まさに社会学そのものなのだ(1)」。比較とは、社会学的対象の解釈を通してさまざまな社会的布置を照合させることに依拠する。「比較する」ことは、分裂させている対立点の広がりの程度を評価しながらも、一致点を見いだすことを意味する。こうした特異性と横断性との間の緊張によって、観察された現象の多面的な社会的偏差 déclinaisons が明らかとなり、社会学的な理解が深まる。今日、「比較」という用語は、まずもって国際的な比較アプローチを表している。だからといって、比較研究的推論は、単に社会と社会同士の比較にとどまらない。比較する規模は、国家内 *infra* のことも超 *supra* 国家的なこともある。

古典的には、デュルケムの比較アプローチとウェーバーの比較研究アプローチが対比される。前者は、「〔ミルの〕共変法」〔参考文献（5）第六章参照〕に従って、結果の堅ろう性と、さまざまな説明的変数の各々の効果を検証するために、社会の多岐にわたって選択（抽出）されたものを比較する。その最も代表的な例が、『自殺論[2]』である。後者のアプローチは、むしろ、理解という展望のなかで諸個人を同じ表象に位置づける。これは、「選択的類縁性[3]」の概念に依拠しながら、二つの現象間の相互依存性を強調し、観察された諸現実の弁別された特異性に基づいた理念型［▼32］の構築や照合へと導くことになる。けれども、こうした二つのアプローチを対比させるのは、時代遅れになりつつある。新しい理論的・方法論的ツールの導入によって、同じ比較研究的な推論のなかで、それらを相補的（補完的）に行使することが可能となっている。さらに、比較は、社会学的布置の互いの対比《コントラスト》を単に客観（体）化するだけにとどまらず、その背後にある社会的因子やその進展のダイナミズムの理解をも目指している。比較とは、したがって歴史社会学的な展望へと開かれつつ、社会史、公共政治経済学、政治科学、エスノロジーといったほかの専門諸領域への寄与を促進することが要請されている。

2　理解 Compréhension

「理解」とは、人文科学や社会科学にとって中心的な概念である。「理解」の概念は、その反対にある「説明」と切り離して言及することはできず、説明によって定義づけられる。このよく知られた「説明」と「理解」との区別は、一般に、ヴィルヘルム・ディルタイの著作と関連しており、それは

「理解」に関して自然科学と人文科学とを対立させるやり方に結びつけられている。コントの実証主義、そしてまた自然主義を批判したジョン＝スチュワート・ミルの実証主義とは反対に、ディルタイは一八八三年に、もしも「私たちが自然を説明できるのなら、心的生活も理解できるだろう」[4]と主張した。科学の一元論的な考え方に反対して、ディルタイは、したがって、人文科学の還元不能な特異性を強調しようとしたのだ。だが、あまりに省略的すぎて、説明／理解という区別は、続いてマックス・ウェーバーによって再定式化されることとなる。ウェーバーは、すべての説明的次元は人文科学から排除される必要があると唱え、容易に惑乱させもした。つまり、人文科学は、唯一の理解という思考アプローチに還元されることになる。現実には、人文科学の対象もまた、空間や時間のなかに位置づけられた自然の一部であり、因果性の原理や説明実践に従う。ディルタイが強調した点は、単純に、人間という現象も同様に意味がある以上、社会的行為者の意図的な因果性という概念を想起させる。そのなかで、その意味による影響を考慮に入れるべく、意図や判断（決定）を再構成する必要があるということだ。それゆえ、理解的方法アプローチが要求される。そこでは、認識する対象は、自然のみならず「精神世界」にも従属する。つまり、因果的な探究を補完すべく、人文科学は、理解的方法アプローチのおかげで、研究の対象を、より特異的で還元不能なものとして見失わずにいられるのである。

3 職業倫理 Déontologie

人間とかかわりながら作業するうえで、社会学者は、その脆い資料をどのように扱うかにおいて倫理的な問いにさらされる。同じような警戒や用心は、医学や心理学においてもみられる。けれども、こうした専門諸科学《ディシプリン》の企図は、探究する対象の状態に作用を及ぼすため、探究対象は、そのような介入を許可したり拒否できる正当な（合法的な）意思決定者となる。専門家は、自分に伝えられた情報についての秘密を保持する義務を負う。社会学において懸念されるのは、主として研究者と調査される個人との相互作用の契機《モメント》にではなく、そこから引き出される結果の公共への伝播（拡散）にある。

調査の研究対象者への同意（承諾）を、できるだけ明確化することが、調査される側のみならず、調査する側を守るうえでも良識ある手段となるだろう。特に、非公式の調査が対象者の身元を隠して公式化を目指すような、統計表（質問紙によるアンケート調査）にて量的処理をして結果を出す場合には。対面法による、より精密な聞き取り（面接や直接的観察）が求められる調査では、同意を得るのがより難しくなる。一方では、そうした調査における対象者は、提供しうる個人情報保護の保証がどれくらい本物であるのか、常に疑念を抱いているからである。他方では、契約に定められたとおりの目的で、研究の意図を明記した発表で、帰納的な研究手続きに従った調査を取り扱うことが、常に容易とは限らない。実際のところ、社会学者たちは、自分たちの当初の調査から導かれる研究対象領域での出会いの契機《モメント》を、いつもあらかじめ知っているとは限らない。社会学的理解というのは、時間とともに明確になっていく。したがって、調査の全体的な指揮について考慮しておくことが必須である。できあがったものをピアレビュー（相互評価）によって事後的に監査されること（雑誌の査読委員会や編集者の助言などを通じて）が、しばしば、社会学者によるプライバシーの尊重を保証する最善の解決策である。

4 （真理の）解明 Dévoilement

視点を変えること、「背後にあるものを」見いだそうとすること、社会的世界を解明すること。こうした表現は、いずれも、社会学的研究とは何かを明らかにしてくれる。通常の意味との関係を断つこと、先取観念［▼13］から解放されることが、ある一つの段階を構成する。だがそれは、いかなる目的であるか？　こうした研究作業は、新たな問いに通じていく必要がある。それは実際のところ、現実に対して新たな視点を注ぎつつも、別様に調べていくことである。一例を挙げてみよう。スポーツにおけるドーピングは、現代的意義をもつテーマとなり、疑惑の目はいまや、ハイレベルなアスリートたちの記録をめぐって取り巻くほどである。社会学者は、そうした直接的な動静を解説しようとはしない。社会学者は、公共においてスキャンダルとか闘うべき害悪といった形で提示されることからは距離を置く。彼（女）たちは、アスリートのこれこれといった行為に規範的な判断を下すこともせず、むしろ、以下のような質問に答えようと試みる。アスリートは、そもそもどうしてドーピングをするのだろう？　こうした謎かけをすることで、視点をいくつかずらすことになる。社会学者の関心は、個々の事例ではなくて、ドーピングという、よりありふれた現象にある。まず第一に、ドーピングが定期的に行われているとすれば、それはよくあること、ハイレベルなスポーツに完全に組み込まれた実践ということになる。ドーピングは、その領域における最先端の専門家の指導のもとで医学化された肉体的準備の一構成要素なのだ。第二に、ドーピングが禁止され、やれば懲戒や制裁を受けるリスクがありながらも相変わらず行われるとすれば、それが隠蔽されるということだ。そして、アスリートと彼（女）たちを取り囲む者たちの暗黙の同意のもと、ドーピングは舞台裏で密かに発展していく。社会学者は、したがって、徹底的な医学的フォローと最良のパフォーマンスの追求、およびドーピングそれ自体との間で、必然的に狭められた限界でなされる肉体的準備を取り巻く秘密（隠された理由）に関心をもつ。社会学者は、スポーツを一つのシーン（舞台）として取り上げる。アスリートはそのうえで、自分の記録を生み出すコツ（秘訣）を隠しつつ本番に備える。それは、手品師が自分のタネを隠しておくようなものだ。そのように進めていくと、社会学者はきっと、いくつかのスポーツで快挙とされる伝説に出くわすことになり、ハイレベルなスポーツに隠された側面の真理を解明することになるだろう。

5　調査　Enquête

科学的な学問《ディシプリン》であるとはいえ、社会学はすぐに扱える基本データ型（データ・エレメント）を持っていない。つまり、そのままデータ処理できるくらいの自明性《エビデンス》を備え、かつ社会学の比較研究的な推論の一部になりうるような何かをもちあわせていない。社会学は、調査という論理的な手続きを通じて範疇《カテゴリー》を構築し、それによって、現実の抽出を進める必要がある。こうした「データ（資料）」の構築は、前もって研究の仮説演繹的手続きの枠組みのなかで統制されている。だが、この手続きは、現実〔の事象〕をインデックス付けしていくときの要綱《プロトコル》〔やり方〕を、データ処理が明快にやりやすいような仮説体系に従わせてしまうものでもある。こうした構築は、研究の帰納的手続きのなかで、さらに前もって統制される。この手続きは、観察された現象を漸進的に結びつけられることで進められ、社会的プロセスや複雑な連鎖を説明可能にする。そうした結びつけは、続いて資本に組み入れられ、その一般性を判断すべくほかの社会的布置と照合しつつ施行される。

すべての場合において、（質問紙、聞き取り、直接観察、ドキュメント分析などの）調査技法を動員する際には、その研究対象との相性や、各々が技法によって産出するデータで行われる処理に課される理論的方向性について考慮することが要請される。(5) その実施にはまた、調査対象者と調査者との間で生じがちな遡及的効果の現象を考慮に入れるための、きわめて慎重な態度が求められる。調査における関係性とは、実際、まず社会的関係であり、調査データの解釈に組み込まなければならない影響という観点から、この分析の管轄内に含まれてくる。続いて、社会学的な書き方《エクリチュール》は、実験的証拠に依拠することなしに理路整然とした説得を目指しつつ、(6) それが科学的議論を正当化しようとしても、経験的素材の選択手順や、構築手続きを消し去らないようにする必要がある。

6 仮説 Hypothèse

仮説という概念は、さまざまな科学の専門科目のなかで、色々な形態を取りうる。経験科学や仮説演繹法に基づく科学において、仮説とは、相互の現象の間にある因果性の関係の表出である。治療と病気の症状の消失とを結びつけられるような関係が、このタイプの仮説の一例である。したがって、重要となるのは、余計な変数を統制できて、説明づける（独立）変数と説明された（従属）変数との間の関係を実証的に解析できる実験プロトコルの構想にある。社会科学、とりわけ社会学においては、それらが実験的状況ではなく「自然」状況を観察する限りにおいて、厳密科学あるいは臨床に由来する、こうした実験的および因果論的な構想は適合しない。デュルケムが指摘するように、「共変法が他にもまして社会学的探究の手段とされる」[7]。したがって、（研究）対象の構築段階で、集積され分節化された、いくつかの概念の構成体を基盤とした分析モデルの着想が不可欠である。このことは、例を挙げると、自殺率の変動を、社会のタイプに基づいて説明したデュルケムの先駆的業績にみられる。ある社会の凝集性レベルと自殺率の変動との関係を結びつけるうえで、デュルケムは、自殺や自殺率、社会的凝集性の指標などが意味するものを操作的に定義づけることから始めている。仮説とはしたがって、問題提起するなかで呈示された問いに対する応答を提案することである。仮説とは、経験的な検証を実施できるように操作的（検証可能・反証可能）である必要がある。

7 帰納／演繹 Induction-Déduction

帰納と演繹は、推論の二通りの手続きを表す。帰納とは、特別なこと（観察事実、固有の事例、実験データ、状況）を一般的なこと（ある法則や理論、一般知識）に移すプロセスに相当する。演繹は、それとほぼ反対のプロセスで、仮説や前提あるいは理論的枠組みから、ある確証を結論づけるプロセスに相当する。こうした結論は、前提や理論から明白に帰結したものである。

こうした二つの推論手続きは、理想である。いずれの手続きも、科学的実践の現実や社会学の（そのほかのいかなる経験科学と同じく）研究モダリティに相応する。ただし、科学的な進め方が、こうした手続きのいずれかに必ず依拠するとの考えは単純化することになろう。推論の手続きが、こうした理想に還元されないとき、帰納・演繹という用語は、研究者の二通りの姿勢を表している。

帰納的姿勢は、調査［▼5］や観察、さらには実験に優位性を与え、そこから、より一般的な教訓や普遍的確証を引き出そうとする。社会学者は、自分だけの観察の枠組みを越えるほどの妥当性をもつ陳述を確立しようとする。演繹的姿勢は、理論的枠組みや前提となる総体に優位性を与える。もしも、そうした理論的枠組みや前提から演繹された陳述や結果が、実験的妥当性の検証に従属する場合には、仮説演繹的と規定される。この場合、社会学者は、一般仮説を定式化して、そこから観察可能な結論を推論（演繹）する。そのあとに、その一般仮説が、実際に経験的調査データ（資料）と合致するかを確認するのである。

8 解釈 Interprétation

経験科学とは異なり、社会学的推論は、解釈による必然的な通過《パッサージュ》を特徴とする。(8) 質的あるいは量的な方法で調査するには、収集された資料のなかから常に、解析に意味があると判断される諸要素を選別する必要があるのだ。解釈という作業は、いくつかの段階を経て行われる。たとえば、エスノグラフィー（民族誌）的調査を通じて、調査空間のなかでみずから信頼できる役割となるために、私たちは観察されるものを絶えず解釈する。続けて、素材全体が集められると、雑種の選別（量的方法［▼17］）や、面接からの抜粋、観察の覚え書き（質的方法［▼25］）といったようなことを引き合いに出して解釈がなされる。最後に、蓄積された数値や、観察された振る舞い、了解された言葉などは、それ自体では何の意味もなさない。というのも、社会学者は、みずからが何らかの概念に到達するよう解釈の一覧表に従って、それらを相互に比較して、つなぎあわせるからである。したがって社会学者は、自分が経験的に確立した事実を通じて、普遍的なレベルで示す際には、みずからの主観性を統制することになる。そして、自分が提唱することを証明すべく仕事全体を復元する際には、そのように選択した理由に対し釈明することになる。

9 価値中立性 Neutralité axiologique

価値中立性（独 *Wertfreiheit*）〔日本語では「価値自由」と一般に訳されている〕という概念は、ウェーバーが一九一七年に発表した重要な著作で紙幅を割かれ[9]、そのなかで以下の二つの根本的な認識論が前提となっている。

・科学的知識のレジーム（体制）は、あらゆる価値判断に関して無関与という原則を学者に課す。科学の使命は、正当性のある普遍的な陳述を生み出し、すべての人に共有されうることにある。その一方で、価値判断による介入は、究極的には主観的なもので、それは科学的客観性を損ねかねない。

・事実の判断と価値判断との間に厳密な区別をつけることは可能かつ望ましいことである。学者とは、何らかの「価値との関係」（*Wertbezug*）なしに済ますことはできないが、それは、学者の取り扱う現実――社会的世界――が、それ自体、価値にあふれているだけでなく、研究対象の構成が、何らかの関心を前提とし、価値によって方向づけられてもいるからである。学者は、必然的に主観的である問いに対して客観的な答えを提供する責任を負っている。

それでも、こうした「価値との関係」と「価値判断」との区別は、ウェーバーが考えていたほどには容易ではない。こうした区別の仕方には、そのうえ、数多くの批判が引き起こされ、なかでもレオ・シュトラウス[10]とレイモン・アロン[11]の批判が最もよく知られている。とはいえ、こうした区別は中心的概念であり、あらゆる科学的思考アプローチが遵守しなければならない一種の定言命法〔カント倫理学の中心概念。無条件かつ絶対的な命令」を表している。つまり、知ることは判断することにあらず、ということだ。

10 研究対象 Objet d'études

社会学の研究報告書や論文、それに、この専門科目を取り扱った本の序文には、しばしば、その一部に「研究対象の構成」という表題がつけられている。概して、社会学者は自分の主題が、まずもって日常生活のなかで一般に扱われているものだと伝えようとする。語られている主題が、何を問いかけ、何を対象としているのか？　そのように論を進めながら、社会学者は、まずは自分に馴染みのある内容に言及して読者をひきつける。それから少しずつ、常識との一連の切断を通じてなされる科学的な手順へと導いていくのだ。無論、言葉や概念の明確化は不可欠である。しかし、特に重要なことは、既存の社会学的諸研究を通じて、すでに確認されていても社会学的にいまだ立証されていない仮説を正当化するうえで適した新たな問い、新しい問題提起なのである。まさにこの段階において、構成された研究対象について語りえるのであり、いわゆる時勢とか社会的といった当初の問いの意味とはもはや混同しえない。しかし、社会学者が数ページのなかで述べている、シンプルにみえる内容は、しばしば長年の熟成が結実したものである。社会学者は、まず第一に、みずからの感情を中立化、もしくは情熱を押し殺す必要がある。社会学者が調査領域を限定して、しばしば自分の〔研究〕

対象との間で築かれる親密な関係性の限界点や難点を、できるだけ客観的に考慮しようと努力する際には、自分の嗜好について自覚しておく必要がある。まさに、こうした条件において、社会学者は先取観念から真に抜け出して、自生的社会学*〔sociologie spontanée〕の陥穽を逃れることができる。つまるところ、社会学における研究対象の構成とは、一般常識から社会学的な意味へと移行することにあるのだ。

＊〔訳注〕先取観念や一般常識にとらわれた社会学。参考文献（2）第Ⅰ部（「認識論的切断」）参照。

11　客観化 Objectivation

社会学は、探究する社会的現象の本質や、社会学者が社会に還元されずに帰属していることを鑑みれば、どのように「客観（客体）化」されて科学的になりえるのだろうか？　社会学的アプローチは、それが学問たりえるべく、研究対象〔▼10〕の構成を提案する。その過程は、社会的事実の「客観化」を追求することになる。

経験科学モデルについて、デュルケムは「社会的事実をもの（事物）として考える」ことを提唱する。この姿勢のおかげで、より「主観的」でないことが期待され、距離を置いた視点をもって社会的事実を「外側から」眺めることができる。同様に、この定式を通じて、デュルケムは固有の一事例を超えて、より普遍的な事例へと至るような方法として統計学的算出を促している。彼は、このようにしてみずからの方法が「客観的」であることを切望する。これは、少なくとも「偏らない」、「部分的ではない」という二通りの意味で理解することができよう。

しかしながら、カール・ポパーは、経験科学を「科学性」モデルにおく考え方に改めて疑義を呈する。ポパーによれば、ツールの重要さが科学の練り上げのなかで、それを行使するうえでの条件として認識される必要があるという。この系列で、ピエール・ブルデューやジャン＝クロード・パスロン、ジャン＝クロード・シャンボルドン[12]は、社会学者というメチエの実践において、自分たちの固有の信条（確信）が、社会学的推論、仮説選択、結果の練り上げのなかで占める場所について、どれほど自問せざるをえないかを強調する。「科学性」とは、主観性を抑えられない部分と分析選択の恣意性についての認識を経る。同様に、到達不能な客観性を追求するよりも、みずからの実践を「客観化」しなければならない。ツールの使用条件についての反省的（再帰性）アプローチによって、人ははじめて分別かつ明晰さをもって社会現象を最もよく知ることができる。

12　パラダイム Paradigme

パラダイムとは、一つの全体を構成するような、まとまりのある仮説の集合体である。それは科学者たちに、自分たちが研究する現象についての視点や、科学者のまなざしを条件づける土台《マトリックス》を与え、現象に対するものの見方を形成する一貫した世界の表象を提供する。

一般に、二つのパラダイムは互いに相いれない。世界に注がれる科学者のまなざしと、それらを基礎づける仮説とは両立しえないのだ。

パラダイムの概念は、科学史家トマス・クーンの物理学の発展に関する研究業績[13]によって一般に普及し、社会科学でも普通に用いられている。これは、一般的な理論構造（明示的および暗示的）や、社会現象についての研究や調査、解析に収められた思考の流れを指し示すのに用いられる。たとえば、よくみられるのは、全体論的または原子論的パラダイムについて語られることだ。前者のパラダイムは、社会が、その構成員の総計に還元されず、個人に課される力や特性を所有するという考えを擁護する。後者のパラダイムは、人間の相互作用や活動それ自体が折り重なり、その多数性（マルチチュード）によって社会が形づくられるという考えを擁護する。

あるパラダイムは、科学的共同体によってもたらされる。その共同体のなかで、パラダイムが知的にも社会的にも「権威づけ」される。実践的視点からみると、パラダイムは、発表される論文やマニュアル、導かれた経験や解析、提唱された理論的発展のなかに具現化する。パラダイム概念は、認知的側面（その概念や理論、知識といった内容）と同時に、社会的側面（科学共同体という、それを支えるもの）にも準拠している。

最後に留意しておくべきことは、パラダイム概念が、ある時代の知や教養のさまざまなディスクールによって維持された諸関係性を指し示すうえで、ミシェル・フーコーによって用いられたエピステーメ概念と高い類似性をもつことである。

13 先取観念 Prénotion

デュルケムは、社会学的アプローチに乗り出す前や、それをする際に、先取観念（彼が哲学者フランシス・ベーコンの用語から取り入れた）を断ち切ることを要請する。デュルケムによれば、そこにこそ「すべての科学的方法の基礎[14]」があり、デカルトの方法的懐疑は、一つの応用にすぎない。

先取観念は経験の産物であり、「実践によって、かつ実践のために[15]」形成される。先取観念は、したがって社会生活に不可欠である。反対に、理論的見地からすると、これらは誤謬であるばかりか、「危険」ですらある。もしも社会学が、すべて作られた概念のレベルでなされるならば、社会学は実際のところ「現実の科学」ではなく「観念的分析」を展開することになる[16]。社会学は事物にではなく、事物の「代理」に至る。それに加え、こうした先取観念は、当てにならず幻惑的である。「それらは、（中略）、事物と我々との間に置かれる覆いのようなものであり、それらを透明だと思われているよりも一層、覆い隠しているのだ[17]」。すべての科学は、こうした先取観念を断ち切る必然性と直面する。「占星術と天文学のように、錬金術と化学とを区別する[18]」アプローチである。しかし、デュルケムによれば、先取観念からの解放が最も困難なのが社会学である。実際に、我々は社会や国家、家族、正義などについて、色々な考えを備えている。問題となるのは、日常言語のなかで絶えず使われる言葉で、我々のなかに「曖昧な印象、偏見や情熱などと判然しないまま、ごっちゃになって混乱し

た概念」を生じさせることとなる。(19)

『社会学者のメチエ』* の著者たちは、デュルケム的展望のもとに、「直接知という幻想」や、あらゆる形の「自生的社会学」に関して「認識論的警戒」を促している。(20) 著者らは、客観化の技法として次のことに言及する。それは、統計的測定法、先行する定義、それに「共通言語《ランガージュ》」の論理的ならびに語彙論的批判」である。(21)

＊〔訳注〕参考文献（2）では、「先取観念」は「予先観念《プレノシオン》」と訳される。

14 再帰性* Réflexivité

第一義的に、再帰性とは、主体がみずからを解析や知の対象であるとみなすメカニズムのことである。社会学者にとって、この姿勢は、独自の科学的実践（操作、ツール、公準）のみならず、すべての知的産物の社会的条件を、批判的分析に委ねることとなる。グールドナーは、そのように再帰的社会学(22)を擁護し、ブルデューもそれに倣っている。(23) 社会学は、自己の知（みずからの仕事、社会的地位、みずからの生活）の企てに依拠することなくして、世界の厳密な知を生み出すことはできないということだ。

その対象を考慮に入れると、――たとえアプローチによってさまざまな度合いがあるにしても――、社会学は再帰的科学に属する。それは実際に、実証科学が切り離すものを組み入れている。すなわち、「行為者と観察者、知（学問）と社会状況、調査背景と社会的に組み込まれる界《シャン》、常識の概念と学者の理論」[24]など。この姿勢は、より一層、不可欠になってみえるがゆえに、社会学者は、当人自身が再帰的である個人と向き合うことになる。

第二義的に、再帰性とはしたがって、社会学者によっては普遍的な実存的次元として考えられ、遅れた近代性（モデルニテ）（「再帰的近代性」とも呼ばれる[25]）における個人に特徴的である。知が絶えず知を批判して、伝統的な諸生活形式（家族、宗教など）の影響力が失われた世界において、不確実性や疑念がより強く訴えかけるだけでなく、世界や生活スタイルの多様性に個人は身をさらす。こうした人々は、原則的に、自分たちが送ろうとする生活についてとらわれずに熟考できよう。この再帰的操作と、それが動員するリソースは、個人のアイデンティティ（同一性）〔▼56〕の構築と一貫性という性質を帯びることになる。

＊〔訳注〕再帰性のほか、反省性、内省性などとも訳される。

第二章　方法論

15　自己分析・社会分析 Autoanalyse, socioanalyse

自己分析の概念はフロイトの用語からの借用である。ジークムント・フロイトは、第三者の助けを借りつつ自分のことについてみずから熟考するという作業の末、心的活動の動きを見定め、分析し、またそれに働きかけるような研究方法を確立した。

社会学では、この概念はさまざまな使われ方をする。ピエール・ブルデューによれば、自己分析は再帰性［▼14］の社会学の鍵となるメカニズムであり、自己を知ろうとするこの企ては、「社会学者が私人としての自分を室内画家的《アンティミスト》〔美術史用語で、日常生活や家庭内の情景を題材に、親密な情感を湛えた室内画を描く画家たちを指す〕かつ自己満足的に振り返ること」には還元されない。自己分析の目的は、第三者に頼ることなく「社会学者の科学的無意識」を探求することにある。(1) そして社会分析とは、ブルデューが『ホモ・アカデミクス』で述べていたように、これと同じことを科学の界《シャン》を対象にして行うことである。(2) いずれの場合でも、あらゆる知的生産に影響を与える社会的決定要因の効果を分析することが重要となる。

他方で、個人には実践的意識と反省能力が備わっているとの考えから、方法論的ツールの中心に行為者または集団による自己分析を据える社会学者もいる。アラン・トゥレーヌによって構想された社会学的介入の手法は、ある行為者の集団を別の行為者たちと対面させることで、かつまた研究者がそれを仲介することで、自己分析が起こる条件を創り出す。この作業によって行為者は、〔みずからを取り巻く〕社会関係および〔みずからの活動が立脚している〕社会的な場《シャン》について、必然的に考えさせられることになるのであり、したがって、そこで生み出される社会学的知識は「自己分析の分析」にほかならないという。[3] これと似たような考え方は臨床社会学にもみられ、個人や組織に対して同じ原則が用いられる。[4] 組織の分析について言えば、臨床社会学は、制度分析[5]以来の伝統に則り、組織［▼66］の社会分析に近いスタイルを取りながら、あらゆる制度の象徴的・想像的側面を探求しようとする。

16 縦断的分析 Analyse longitudinale

フランスで実施されている社会学の計量的調査〔アンケート調査〕の多くは「横断的」調査である。すなわち、ある特定の時期における人々の状況、実践、意見の把握を目的としている。しかしながら、もし社会学が「歴史的観察の科学」[6]でもあることを自認し、さらにそのことからの帰結までをすべて引き受けるのであれば、観察された諸現象に満ちた「世界の歴史的な流れ」を復元する義務を負うことになる。つまり「縦断的」データを扱う必要が出てくる。かつて社会学では、横断的で断面的なアンケート調査を定期的に繰り返すことで、ようやくそこに到達するのが通例であり、多岐にわたる態度や行動の、多くの記述変数における〔前回の調査時からの〕変化を調べていた。非常に数多くのアンケート調査のなかからいくつか例を引くと、たとえば一般国勢調査がそうだ。これはかつて七、八年に一度行われていたが、今世紀に入ってからは毎年実施されるようになった。ほかにもフランス国立統計経済研究所（ＩＮＳＥＥ）が毎年行う「労働力」調査や、一九七三年に文化省が開始した「フランス人の文化活動」調査が挙げられるだろう。

ところが実際には、こうした横断的アンケート調査を繰り返す方法では、〔就職率や美術館に通うフランス人の割合といった〕変数の変化の大きさを測ることはできるが、言わばそのときの「状態」を写真に収めているだけなので、それらの間の推移のプロセスはどうだったかとか、ましてやそのプロセスが個人レベルでどういう紆余曲折を経たかについては何もわからなかった。それをつかむためには、調査対象者の歩んできた軌跡や「生活史《ライフヒストリー》」を復元するような(7)、回顧的な調査に頼ることになるのだが、ただしこれも調査対象者の記憶が薄れていたり、思い出す過程で記憶が作り変えられたりして、偏り（バイアス）が発生することもあった。

こうした偏りを避けるうえで必要になってくるのが、人口学や社会学で「縦断的分析(8)」と呼ばれるものだ。ほかの言い方をすれば「パネル調査」に基づいたデータ分析である。パネルとは、継続的に何度も調査を受ける調査対象者の標本《サンプル》を指す。この種の調査で最も目を引くのはおそらく、一九四六年に開始された英国の「出生コホート研究」だろう。このパネル調査はいまだ継続中である。調査初期には一九四六年生まれの人のうち五千人が参加し、現在でも三千五百人が調査開始時から数えてすでに二十一回のアンケートを受けている。確かにこうした調査には多額のコストがかかり、調査対象者の標本数が自然減少することで新たに方法論上の困難が発生することもあるが（死去や棄権による調査対象者の漸次減少が代表性の問題に影響を与える）、得られる知見は非常に大きい。縦断的分析は、諸個人の軌跡やその変容のなりゆきを浮かび上がらせ、所属世代による影響や加齢による影響を解明する。そうして継続的な横断的分析の手法ではまれにしか捉えられないような、社会現象の間の因果関係の核心に到達するのである。

17 計量分析 Analyse quantitative

計量分析は、規格化されたデータ（別々の個人や状況に対して厳密に同じ種類、同じ様式のコード化が施されているような資料の集まり）を分析するために用いられる方法や推論の総体を指す。こうしたデータはしばしばアンケート調査（調査票調査）によって得られるが、古文書、行政文書、音声・映像データなどをコード化することで得られることもある。

計量分析は（大量データの分析ツールとして知られる）統計学的な手法に則りつつ、（パーセンテージ、確率、総数、比率、統計的分類、相関係数といった）数値化された情報をもたらす。しかし数値化それ自体が終点ということではなく、社会学ではある推論を補強するために、あるいは何かの事実を確認するために数値データが用いられる。数値は、調査［▼5］から調査結果公表に至るまでの道のりの中間状態または段階にすぎない。ただこれによって、行動（または態度、意見）の規則性を把握したり、（行動、態度、状況や個人の社会的特質を示す）変数間の関連性を捉えたり、ある標本［▼22］から得られた結果の信頼性を測定したり、個人や状況を分類したり、ある社会的事実の形成にかかわる複数の諸要因を順序づけたりといったことが可能になるのである。

計量分析は質的分析と同様に、推論や経験的アプローチ、調査データの研究や分析におけるツールを社会学に提供する。ただし、それのみでは不十分なのだが。

18 範疇《カテゴリー》 Catégorie

何らかの特徴を共有する、類似性を示すといった理由により、ある同一の用語でまとめられた個人または事物の集合体のこと。範疇《カテゴリー》は個人の「集団」や「階級」を意味するが、実際に社会的実体を伴うとは限らない。

社会学的な研究対象の構築は、常に「範疇」に関する考察に近いものとなる。実際そこでは、常識や社会制度上の〔既存の〕範疇を再検討することも前提となってくる。そうした研究は、ある範疇の意味や内容の変遷を記述し、場合によっては刷新することもある。範疇はまた統計調査の基盤でもある。何かの数を数えるには、その前にまず事物を認識し名前をつける必要があるからだ。

あらゆる範疇は社会的・歴史的構築物であり、ある特定の時期において何か明確な具体的要求に応えるために作られる。つまりそれは、記述された現象を常に部分的かつ議論の余地を残したまま表象するのであって、型どおりの規範的な仮説の枠内に思考を閉じ込めてしまうこともあるし、社会の変化にも鈍感である。エミール・デュルケムはすでに、この現実が「箱詰め」されることとの不具合に対して、ある意味あらゆる発見にとって都合が悪いと注意を促している。(9) 範疇のこの構築的性格を軽視すると、その背景にある何らかのイデオロギーを密かに拡散させたり、それを事実として物象化したりする危険に、社会学者はさらされることになる。

19 分類 Classification

デュルケムは、「〔分類という〕この方法の目的は、何よりもまず、無限定な多数の個体をある限られた数の類型に置き換えることによって、科学的作業をより簡略化することにあるはずである」(10) と述べている。分類が目指すのは、個人の集合体、あるいはより一般的な要素の集合体を、一つまたは複数の特徴に応じて区分することである。そうして複雑な現象に、単純化・組織化された表象が与えられる。分類が依拠している原則は、同一の範疇《カテゴリー》内では統一性の確保が、そして別々の範疇同士の間では差異化が、それぞれ図られていなくてはならないというものである。したがって分類とは根本的にどこか弁証法的なものであって、たとえばある階級の人々が接近させられ、集結させられると、彼らはほかの階級とは対立させられ、区別されることになっていく。

分類は、「階級」や「範疇」のまとまりを区別・再グループ化する作業のことと、その作業の結果（範疇への名づけ）のことを同時に意味している。社会学的研究が興味を抱くのは「自然発生した」分類であり、すなわちある社会あるいは社会集団において、実践的目的のために作られたような分類である（例として若者による音楽スタイルの分類が挙げられる）。社会学的研究はみずからも独特の（「知的な」）分類を生み出すことがあり、それは経験に基づいた分析の結果として提示される。これは質的なもの（類型論）でもありうるし、（たとえば凝縮型階層的クラスタリングのように）統計学的な手続きを踏んだものでもありうる。後者は人々を非常に同質的な、なおかつ集団同士では互いに非常に異なっているような少人数集団へと再グループ化する作業を、機械的に行うことを可能にする。

20 資料体《コーパス》 Corpus

社会学者は何を分析するのだろうか。方法論的な観点からすると、この問いに対する答えは一見ごく単純にも見える。社会学者は「資料体《コーパス》」を分析する。言い換えればこれは、彼（女）らの研究上の問題提起から導かれた明確な論理に応じて構成される、経験的資料の集合体である。資料体の概念は、伝統的には文献学的にも言語学的にも文献テクストの集合体を指していたが、社会学においてはこの語の用法はもう少しゆるやかになる。すなわち社会学的分析における資料体には、もちろん言語的資料（文学作品から討論会の記録、インタビュー記事、観察報告といったものまで、あらゆる種類の文書）もあるが、そのほかにも視聴覚資料（録音・映像記録、写真など）や、あるいはフランスでは国立統計経済研究所（ＩＮＳＥＥ）や国立人口統計学研究所（ＩＮＥＤ）が行う大規模な統計的アンケート調査にみられるような、計量的データも含まれている。どの場合でも、その資料体がエスノグラフィー調査の成果であり社会学の質的技法で分析されていた場合でさえも、社会学的研究における資料体の構築、探査、分析、保存といった活動が、デジタルツールでの情報ストックや情報処理技術の発展に幅広く恩恵を受けていることは否定できない。

しかし、社会学者が分析するのは資料体であるという一見明快な回答の背後には、実は社会学の所与の考え方への囚われがある。まずはそう断言することによって、資料体という専門的な「学術用語」を用いる社会学者は、社会学における「ポスト経験論的転回」という（ときに行き過ぎることもある）考え方をはっきりと拒否することになる。すなわち、経験的調査を通じて証拠を打ち立てるようなことは、社会学の重要な目的ではなくなっていくだろうといった考え方からは距離をとることになる。(11) 次に彼（女）らは、資料体の根本的な特徴について、それが経験的資料の集合体であることはもちろんだが、その収集がそもそも何かの問題意識や、その問題意識に適合した分析技法の選択に先導されていると主張する。したがって、社会学が分析するのは資料体であると断言することは、これはもちろん、社会学が経験的資料を分析しているという考えを擁護することでもある。だが、それればかりでなく、社会学はその研究目的にかなった所与の方法や技法を用いてデータ（経験的資料）の選別を行っているという考えを、擁護することとも分かちがたく結びついているのだ。社会学が分析するのはデータである……ただしそれは「得られた」ものではなく作られた何かである。経験データの構築というこの作業もまた、資料体概念の一端を示している。

21 相関 Corrélation

相関とは、厳密には二つの量的変数間の統計的連関を指す。量的変数とは、年齢、サイズ、収入、ある行為実践がなされる頻度といった、何らかの「大きさ」を観察記述して得られる連続変量である。この統計的連関は相関グラフによって図示されうるが、そこでは各個人（個体）が、x座標（横軸）に一つ目の変数の値を、y座標（縦軸）に二つ目の変数の値を取る点として表される。このようにして「散布図」が得られ、それらの点の集まりの密度（細長く伸びて見えるほど相関が強い）、方向（左下から右上に伸びていれば正の相関、逆であれば負の相関）、形状（直線に近似できるものは「線形」相関と呼ばれる）といったものから、二つの変数間の連関の性質がわかるのである。

最後に挙げた線形相関の場合、グラフのほかにも、マイナス1からプラス1（-1～+1）の間の値を取る相関係数を用いて連関の方向や強さを計ることができる。相関係数がゼロに近ければ、それだけ相関は弱いことになるのである。逆にそれがゼロから遠ざかるほど、そこには強い相関があるということになる。マイナス（負）の値は逆相関を表しており、たとえばある調査結果において「年齢」と「電話をかける頻度」という二つの変数間の相関係数がマイナスの値を示したとしたら、そのことが意味するのは、統計的には年齢が上がれば上がるほど、電話をかける頻度は逆に下がっていく（逆にいえば年齢が下がるほど電話をかける頻度が増える）ということである。

ということで、社会学者は相関の概念を統計学者ほど厳密には用いていないといえる。社会学者はしばしば、ある変数の値が偶然によって決まるわけではないと確認できれば、つまりある変数の値が別の変数からの影響で変化したりすることがわかれば、二つの変数間には相関があると呼ぶことがある。さらに、二つの変数がいずれも量的変数である場合のみならず、二つとも質的変数である場合や、量的変数と質的変数との連関を分析する場合にも、相関という言葉が使われることがある。

22 標本《サンプル》 Échantillon

社会学は経験の科学であり、この意味において社会学は、現実の社会現象を研究する学問でなくてはならない。しかし、すべての社会状況や全個人のあらゆる行動を把握することは不可能である。それゆえ社会学的な分析は、現実の「一部」あるいは「ひとかけら」を観察、測定、質問調査することで組み立てられることになる。そしてこの「ひとかけら」というのが、研究対象となる標本《サンプル》なのである。

たとえば、労働者の生活条件について研究している社会学者であれば、労働者たちのなかから標本となってくれる人々を選び、調査を行うことになる。大学生の祝祭的実践（お祭り騒ぎ）に関する分析を進めている社会学者であれば、学生たちのパーティに何度か足を運んで観察を行い、そこの常連学生の何人かに聞き取りを行うことになるだろう。標本とは、人の集合体でもありうるが、世帯、状況、時期といったものの集合体でもありうる。

標本の妥当性を保証してくれる普遍的原理は存在せず、質問に回答する人や状況の選択作業をオートメーション化してくれる技術も存在しない。また標本サイズが大きければ、その質や妥当性が保証されるかといえばそうでもない。選択されたアプローチ法（帰納的か演繹的か、量的調査か質的調査か、モノグラフか比較調査か）に応じて、またフィールドの特質（よく知られた土地か無名の土地か、アクセス容易か困難か、広範囲か限定されているか）に応じて、標本づくりの原則は違ってくるし、大なり小なり感覚的に作られる部分もあるだろう。たとえば、ある母集団全体における典型的結果や正確な数値的評価を探求しようとする場合には、標本は（無作為抽出、層化抽出、割当抽出など）厳密な統計学的原則に則って考案されていることが前提となる。また状況の多様性や行動の可変性を分析することが重要な場合には、標本はまずもって、ほとんど対極にあるような、なるべく異なった状況までを把握できるものであるべきだ。そしてある特定の集団や特異な社会状況を探求する場合であれば、標本はそれらと一致するだろう。

23　聞き取り調査（面接法）Entretien

社会学の聞き取り調査は、その特徴を臨床的アプローチに借り受けている部分が大きい[12]。調査者が被調査者の言葉にどのくらい口を挟むかによりけりだが、面接は多かれ少なかれ「誘導的」になることもある。また質問紙［▼29］の論理が適用されて、もちろん純粋に計量的なアプローチに比べれば回答の作り方にも注意が払われるとはいえ、きっちりした質問項目の一覧表に沿って行われることもある。そうして質問ごとに〔回答者たちの〕言葉を対比していくのである。ただし調査者は、話の組み立てに関しては相手に自由に委ねることもできる。そうして質問項目の一覧表に〔回答者の〕経歴の道筋が組み合わされて、聞き取りの際の道しるべとなる。

最も頻繁に行われるのは個人面接法である。なぜなら調査者以外のまなざしが存在しないため、気がねのない語りを引き出しやすいからだ。ただしこのまなざしは、集団面接法でかえって有利にはたらくこともある。よく顔を合わせている人が居合わせてくれるケースや、とりわけ組織化された社会形態において、互いの認識の対立関係や位置関係がわかっているケースがそれである。

社会学者は、受け取った言葉の内容にも形式にも注意を払いながら、こうしたやりとりにどうしてもつきまとう〔質問者と回答者の〕非対称性を際立たせることがないよう努めなくてはならない。その言葉のやりとりは社会学者からの働きかけで実現したものであり、その成果は〔知識獲得の目的達成や職業キャリア上の業績になるという形で〕最終的に社会学者のものとなり、またそこでは非常にしばしば、社会学者のほうが社会的に高い地位を占めている。調査における人間関係を決して中立的《ニュートラル》なものと考えてはならない。聞き取り調査で得られた語りが社会学者にもたらすものを明確化するためには、この関係性もまた分析の対象となるのである。観察された社会的実践は社会学者の外側にあるし[13]、行為者〔回答者〕たちはみずからの実践に自分たちなりの意味を付与している。[14]

24 エスノグラフィー Ethnographie

エスノグラフィーの概念は、文化人類学あるいは民俗学《エスノロジー》[15]において発展した調査法を表しているが、社会学者たちも、特にシカゴ学派との関連を自認する者は、これをよく引き合いに出す。エスノグラフィーについて何か合意に基づいた定義が存在するわけではないのだが、ルイス・M・スミスの提唱する定義[16]は、アメリカの三人の偉大な人類学者や社会学者（ブロニスワフ・マリノフスキー、ウィリアム・F・ホワイト、クリフォード・ギアツ）の分析に基づいた定義だという点で優れているだろう。この三人はそれぞれ、機能主義、相互作用主義、解釈学の潮流を代表している。スミスの定義では、六つの際立った特徴が指摘されている。①参与観察による情報収集を可能にする研究対象コミュニティへの長期滞在、②日常的活動への着目、③行為者がみずからの行為に与える意味づけへの関心、④観察された現象の前後の文脈および内的整合性を重視した報告書の作成、⑤前もって作られていた仮説を証拠づけるというよりはむしろ、段階的に組み立てられる解釈の枠組みを構想しようとする傾向、

⑥語りや記述を理論的概念化と意図的に調和させようとするような解釈の提示様式、の六つである。

25 質的方法 Méthodes qualitatives

質的方法は、少数のケースに焦点を合わせる点や、行為者が状況にどのような意味づけをしているかなど、社会過程の深い分析に注意を払うといった点で、計量分析［▼17］のような量的方法とは区別される。社会学で最も頻繁に行われるのは聞き取り調査［▼23］と直接観察であり、歴史学ほど頻繁ではないとはいえ、そこに文献資料収集が加わることもある。これらさまざまな手法は、フィールド調査の枠内で組み合わされることもあれば、別々に用いられることもある。

質的方法に基づいた調査の妥当性は、データの収集において三角測量のように厳密な手続きを踏んでいるかどうか、そして資料の分析において「飽和状態」になるまで仮説を出し尽くせるかどうかにかかっている。また諸解釈をまとめ上げる論理一貫性や包括力があるかどうかにもかかっている。調査結果を一般化できるようにするためには、この種の調査に適切な「概念的埋め込み」を限定する必要があるのだが、これは「判例」に到達できるくらいよく練られたサンプリング方法と比較研究によって、[17]あるいはまた研究対象となる現実の構造的特性と状況的特性の間を、絶え間なく往復することによってもたらされる。[18]

26 モデル化 Modélisation

モデル化には、社会的事実の間の関係を図式化して表しつつ、説明を与えるという目的がある。それはまた社会科学の知が取りうる形態の一つである。ある意味では、モデル化のあっさりしたやり方は、口述や記述〔の手法〕においては現象理解のために網羅的配慮がなされるのとは好対照をなしている。あらゆるモデル化は説明目的を有するが、これは妥当とみなされている諸事実の評価指標の間の因果関係を探ることとは、必ずしも一致していない。自然科学から借用された因果モデルは、確率モデルや〔特にブルデューの界《シャン》〔▼39〕のモデルのような〕関係モデルとも共存可能である。またモデル化は、行為者の主体性を根本的に考慮から除外することを意味するわけでもない。社会科学におけるモデル化は、論理的演繹のプロセスを踏んだ仮説形成に由来するものであり、決して当てずっぽうな推論ではないのである。経験的事実と直面したときに、そのモデルの射程が問われることになる。そのためモデル化は、それしか使わないわけではないものの、主として統計的推論のツールや技法に頼る。統計的推論はある母集団の未知の特徴を、その母集団のなかから取り出された標本《サンプル》〔▼22〕を用いて帰納的に導き出すが、これはその標本の示す特徴に基づいて〔母集団の〕誤差の許容範囲が推定されるおかげである。このようにモデル化は、〔とりわけ線形回帰やロジスティック回帰分析のような〕多変量解析の分析手法の使用と切り離して考えることはできず、有意な相関や効果測定といった研究を通じて、変量を扱う社会学に特徴的な言葉づかいを形どっている。

27 用語体系 Nomenclature

用語体系とは専門用語全体のことであり、これによって人々、出来事、活動などの集合体を、理論的見地から正確かつ体系的に記述することが可能になる。なお、記号体系《コード》は、一般的には用語体系の各範疇《カテゴリー》に関連するものである。

用語体系には実用的〔操作的〕な狙いがあり、そのおかげで各項目は、明確かつその使用および再現が比較的容易な諸法則に従いつつ、それぞれ一つの範疇《カテゴリー》［▼18］へと整理されうるようになる。用語体系はまた現場における分類や社会学の類型論に比べ、リファアレンスとして有用である。なぜならそれはアカデミックで、政治的、経済的、社会的なコンセンサスに基づいているからである。

たとえば「職業・社会職業分類」*のケースがこれにあたる。この用語体系は一九八二年、フランス国立統計経済研究所（ＩＮＳＥＥ）によって作成されたのだが、そこには統計学者、社会学者、政治家、各職業の代表者たちの間で折衝が行われるという背景事情があった。このときには各職業地位の間の距離やそれらが表すであろう社会的階層を、優劣をつけることなく、文化的・経済的観点から記述するという目的があったのである。

用語体系を用いることで分類方法の等質性や存続性が保証され、このことは時間的・空間的な比較［▼1］を行う際に特に有用であることがわかっている。ただし、用語体系は単に現実を映す道具ではない。正しく用いるためには、それが作られた目的や論理を熟知し、その用語体系が正確には何を表しているのかを理解しておく必要がある。

＊〔訳注〕職業・社会職業分類（ＰＣＳ＝ Professions et catégories socioprofessionnelles）は、日本での社会経済分類に相当するが、分類様式は根本的に異なる。

28　観察（法）Observation

産業革命に伴う大きな社会変動の航跡から生まれた社会学は、力学的現象に対する観察を理路整然と深化させれば運動やエネルギーの謎は解明されるはずだといった時代の空気のなかで、その言説を形成してきた。「社会物理学」の構築が目指され、社会学は社会現象に対する科学的観察の学として定義づけられたのである。観察の内容は大きく二種類に分岐した。一方には、社会的実践がなされた形跡に対する観察、ないしは社会的行為者たちがその多種多様な実践について残す証言をもとにした観察があり、そうした証言はアンケート調査や聞き取り調査によって得られる。この方法は間接観察法と呼ばれうるものであって、そこでは観察は必ずしも把握したい実践へとアクセスできているわけではなく、どこか察するに任せたり、それを引き立ててくれるだれかに委ねていたりする。もう一方には、実践が生じる状況に最も近いフィールドで社会学者が行う観察があり、こちらは直接観察法と呼ばれる。それは、研究対象となる状況のなかでじかに見たり感じたりすることに貢献する、あらゆるものを拠りどころとする。そしてそれらを収集するには、社会学者が調査する状況へと、多少なりとも深く関与することが前提となる。〔人間関係上の〕距離感のせいで社会学者のまなざしの鋭さが損なわれたり、あるいは社会学者が居合わせることで、観察され邪魔をされた行為者がその行動を変化させたりするようなことを避けるためだ。社会学者は、自分の観察姿勢が引き起こしえた支障について熟考する方法を担保していなくてはならない。このデリケートな道を通って、社会学者はほかのやり方では捉えられない情報へと到達するのである。そうした情報は、行為者〔▼34〕が自分たちではその価値に気づいていないこともあれば、調査者との関係上わざわざ伝えなくてよい話だと考えていることもあるし、はたまた社会学者がそれについては察しがついていると思い込んでおり、あえて尋ねないこともある。

29 質問紙（アンケート）調査 Questionnaire

アンケート調査〔調査票調査・質問紙調査〕は、社会学ではありふれた方法の一つであり、その内実は非常に規格化された（つまりある個人や状況をほかのそれらと厳密かつ容易に比較できるような）形態の情報を収集することである。そこでは問題意識によって規定され、なおかつ汎用性が高いと想定された、ある単一の要領《プロトコル》〔アンケート票〕が用いられる。この点においてアンケートは、より帰納的なほかの調査要領とは区別される。つまり現場の人々が「自分について語る」のに任せるようなエスノグラフィー〔▼24〕的なアプローチや、あるいは開放型の〔質問項目を固定しない〕理解的な聞き取り調査〔▼23〕のように、人々があるテーマについて自由に意見を表明できるよう発言を委ねていく方法とは区別される。質問項目や被調査者に提示される回答項目といった調査時の諸条件は、どの個人に対しても厳格に同一となるのである。

こうした標準化の利点は何よりも、行動（あるいは態度や意見）における規則性を見いだしたり、さまざまな行動の間に存在する統計的連関を分析したり、諸個人の社会的特性に応じた行動の変化を説明したりする可能性が開かれる点にある。たとえばフランス人の文化的実践に関するアンケートであれば、（テレビを見る、映画館に行く、美術館を訪れるといった）さまざまな実践の頻度がわかり、そこから読書をするという実践と美術館を訪れるという実践の間に存在するであろう関連性を強調してみるとか、性別や年齢に応じてそうした実践がどう変化するかを突き止めるといったことも可能になるだろう。

具体的な観点からすれば、質問紙というのは、一般には「閉じた」質問項目の集合体である。すなわち、そこにはあらかじめ用意された回答項目リストが添えられている。理論的な観点からすれば、質問紙の質問項目は、問題意識の設定からの、もしくは社会学者がこれから研究しようとする社会現象を客観化〔▼11〕するうえで必要となる経験的指標からの、直接的な結果である。アンケート調査は、確かに一見非常にわかりやすいし、時折どこかの研究団体が政治家の人気やヨーグルトの品質の把握を試みるといった、単純化した使い方をすることもある。しかしながら社会学的な質問紙は、理論社会学的な問題関心を厳密に実践向けに翻訳したものなのである。

30 ライフストーリー Récit de vie

「伝記的方法」と呼ばれるもののなかでも大きな地位を占めるライフストーリーの手法は、特殊調査〔個人調査〕の一種である。なぜならそれは、だれかに人生を振り返ってもらい、自身の経験について語ることを要求するからだ。仕掛けはシンプルであって、この方法のベースとなるのは、質問紙に基づいて質問し回答するやりとりではなく、語り手が調査者の目的に沿いながら、それまでの自己の人生のすべてであるいはその一部についての物語を語って聞かせてくれるように、最初の指示を伝えることである。社会学者は何度でも聞き直すことができるし、途中で質問を挟むこともできるが、調査があくまで語り手が選んだ道に沿って進行するよう注意しなくてはならない。ライフストーリーの社会学的関心は実際こうした主観の定着化にあるのであり、それはつまり、行為者がその軌跡に与えたのと同じ意味に沿って行為の論理を把握するということである。ライフストーリーの方法は、各ケースを特異なものとみなすのではなく、語り手が身を置いているネットワークを位置づけ、また社会現象を原因と結果の連鎖のなかに登記することを可能にする。この方法はまた社会過程〔▼68〕に光を当てる。

ブルデューは、ある種のライフストーリーが「伝記的幻想」を生み出すと非難していた。語り手がその人生の凹凸《おうとつ》を、事後的に、筋道の通った話へと読み替えてしまうことがあるというのだ。伝記的方法を用いる社会学者は、こうした側面を否定することなく、むしろ語り手がある社会的集団のスポークスマンとなって、その宣伝パンフレットを擁護してしまう様子を明るみに出そうとする。

31　クロス集計表 Tableau croisé

統計学者であればきわめて厳密に「分割表」と呼ぶだろうが、それ自体が社会学の方法の一つを体現していると同時に象徴でもあるようなこのツールを言い表すにあたって、社会学者はもっとあっさりと「クロス集計表」というやや比喩的な表現を用いる。古典的な例を取り上げよう。いま出身階層と学業における成功との統計的連関を分析したいとする。まず行《ぎょう》の欄〔表側《ひょうそく》〕に、出身階層を計測する変数が取りうる値（一般には父親のさまざまな職業カテゴリー）を、そして列《れつ》の欄〔表頭《ひょうとう》〕には、学業的成功を計測する変数が取りうる値（子どもが獲得するさまざまなレベルの学位）を書き入れておく。次に、行と列とが交わって形成されるすべてのセルに、そのセルが対応する二つの特徴を同時に満たす個体の、人数なり割合なりを記入していく。そうして、ある出身階層において、子どもが獲得した学位レベルの分布と、平均的分布との差が大きければ大きいほど、その出身階層と学業的成功との連関がはっきり確認されたということになるのである。なお平均的分布は表の合計値から算出され、欄外の行や列に「合計」「全体」「平均」として示される。このように統計表から出発して、出身階層と学業的成功の間に連関があることや、その大きさおよび形態を確定することができる。しかも、観察された実際の分布と、二つの変数の間に何の連関もないと仮定した場合に得られるであろう「理論的」分布との差異を、単に機械的に比較するだけでよい〔帰無仮説の棄却〕。

数字的言語に依拠することで、この種の論証には見かけ上の客観性が与えられる。しかしながら、その論証の入念な練り上げにかかわった数多くの作業のことも忘れてはならない。クロス集計表は常に、〔職業、社会的帰属、学位といった〕社会的範疇《カテゴリー》の構築の結果であって、また現実の事象に適用される〔学業的成功度などの〕経験的尺度も、複雑な調査の枠内で偏り〔バイアス〕がないとは限らない。そうして得られたクロス集計表は、今度は分析のために数字の読解、翻訳、推論、解釈といった作業を経ていくが、そこでたとえば「庶民階層出身の子どもはほかに比べて学校の成績が低い」といったことが確認されたとしても、社会学者は必然的に「統計表が語る以上のこと」を述べることになる。(19) つまりクロス集計表を作成し、またそれにコメントを付す際には、観察された現象とその統計的表現の間の、そしてまた統計的表現とそれを補強する解釈の間の、二重の断絶がもたらしうる影響をすべて体系的に精査することが望ましいのである。

32 理念型 Type idéal

マックス・ウェーバーによれば、理念型を用いることは社会学の根本的な手続きの一つである。

ウェーバーにとって理念型とは、個人がその実体験に与える意味を理解する方法であり、またそうした実体験を、歴史的発展のある時点における社会組織へと関連づけるものでもある。ある理念型を定義づけることとは、統計的観点から見た多数派の形式を割り出すことではなく、現代の諸社会の歴史的形式から出発しつつ、そこに意味を与えるような、あえて単純化されたその主要な諸特徴を識別することである。ウェーバーが提示するやり方は、それ自体が到達点なのではない。彼によれば客観性は方法論的秩序から生まれるのである。理念型は何よりもまず理解の方法である。ある理念型の練り上げが実り多いものかどうかを、人は前もって知ることができない。できあがった観念上の図像と現実とを近づけてみて、ようやく論証におけるその有効性を判断できるようになるにすぎない。したがって問題は、理念型を作り上げるにあたって、何から手をつけるべきかを知っておくことである。ウェーバーの回答は次のようなものだ。「こうした理念型が獲得されるのは、一つの、あるいは二、三の観点を一面的に高め、その観点に適合する、ここには多く、かしこには少なく、ところによっては全くない、というように、分散して存在している夥《おびただ》しい個々の現象を、それ自体として統一された一つの思想像に統合することによってである。この思想像は、概念的に純粋な姿では、現実のどこかに経験的に見いだされるようなものでは決してない。それは、一つのユートピアである」[20]。ウェーバーにとっては類型論も理念型の集合体から成り立つ。彼はたとえば、社会的行為の決定因を分析するにあたって、「目的合理的」タイプ、「価値合理的」タイプ、「感情的」タイプ、「伝統的」タイプという四種類の理念型を定義した[21]。これ〔社会的行為の四類型〕は今日非常に有名で、社会学的研究においていまだによく用いられている。ウェーバーは、これらさまざまなタイプの統計的な分布については問わない。なぜなら彼の目的は社会的現実を記述することではないからだ。その目的は主に、異なった諸社会を理解し比較することであり、ひいては現代社会を形づくる諸特徴を明らかにすることだった。

33　変数 Variable

社会学的アプローチが念頭に置くのは経験的データの収集だが、その性質は社会学者が選んだ調査法やフィールドに応じて変わってくる。すなわち、欲しいのは個人に関する情報なのか集団に関する情報なのか、行為実践に関する情報〔実態調査〕なのか意見に関する情報〔意識調査〕なのか、社会的相互作用を見たいのか有形の対象を見たいのかなどによって変化する。これらの情報が、ケースごとに違いがみられるような現実の諸特徴を表す場合、それらは一般に「変数」と呼ばれている。

変数は、調査された諸個人または諸状況の間の類似点や差異について説明し、はっきりと示すことを可能にする。たとえば「サークル活動の枠内で実践されるスポーツ」という変数であれば、諸個人がサークル活動としてスポーツを実践しているかどうかによって、またそうである場合には（一つまたは複数の）その競技種目は何であったかによって、人々を条件づけしていくことができるのである。

収集した情報の厳密な規格化が要求されるような方法論的アプローチにおいては、変数を説明する作業は必要不可欠である。この規格化は個人や状況を容易に比較・分類するためになされ、たとえば質問紙調査の場合がこれにあたる。よりエスノグラフィー〔▼24〕的なアプローチにおいては、変数の説明の重要性は弱まる。というのは、そこで調査研究されるのは経験的観察の配置やまとまりであるからだ。つまり、あるフィールドに関する情報収集が明らかに必要不可欠だったとしても、その情報は必ずしも規格化され、完全に定義された変数の形へと整理されたものでなくてもよいということだ。

社会学者が用いる変数は、その大半が「質的変数」と呼ばれるものであり、それは（男性か女性か、失業状態か否か、大学を卒業しているか否か、ラップを聴くかロックを聴くかなどの）性質の違いを表している。数字によって差異が表されうるようないくばくかのケースにおいては、それらの変数は「量的変数」と呼ばれ、たとえば年齢、映画館に出かける頻度、あるいは収入といったものがこれに相当する。

変数は、それが常に抽象化や概念化の手続きに依拠しているという点で、何らかの構築作業からの帰結である。つまり社会学者は必ずや、自分が研究したいと望む「社会的現実」を抽出し、抽象化し、そのうえでコード化〔変数の作成〕を行っている。この構築作業は、ときには司法や行政による分類（婚姻状況、最終学歴、職業的地位など）を通じて、社会自身によってなされることもある。

第三章　概念

34　行為者 Acteur

行為者とは、個人であれ集合体であれ、一般的に社会行動の支柱のことである。この語は社会学の語彙において頻繁に使われるが、社会的行為をどのように概念化するかによって用いられ方が異なる。また、しばしば、行為者の代わりにほかの用語が好まれるであろう。

構造的で決定論的な概念に従うなら、社会的行為は、構造や相互作用が顕在化したものと考えられる。社会学者たちは、「行為者」（マートン、パーソンズ、ゴッフマン）、あるいは「主体」（フーコー）について語るのであるが、要するに、それらは、行為主体（agent）（ブルデュー）のことなのだ。すなわち、個人は、みずから行動するというより、契機《モメント》や状況によって、また、社会化や支配関係の帰結として内面化した外部の論理によって行動する。この規範的、状況的な要件の身体化〔体内化〕こそが、個人に、性向 dispositions〔ブルデューの用語で、社会構造が行為者に内面化・身体化されたもの〕を付与するのである。この性向は、個人に自由で自律的に行動しているという幻想を与えつつ行動を支配する。究極的には、行動の主観性と立場の客観性との間には緊密な対応が存在するのである。*

より主意主義的に「行為者」を考えようとする社会学者は、個人や集団の自律性《オートノミー》にこだわる。社会的行為の合理的、すなわち功利的な概念化によれば、行為者は、自分の利害関心の合理的追求に導かれていると考えられる。個人は、可能なものから自由に選択し、行動する理性をもっている（ブードン）。行為者の合理性は、全体を通じたときがあっても、よりしばしば限定されたものとみなされる。つまり、ゲームや相互依存のシステムが、行為者に戦略的となるよう強要するからなのだ（クロジエ）。構築主義者（ラトゥール）にとっては、所与の状況を修正するような、あらゆる実態は、行為の経緯における事実なのであり、実態こそが行為者として考えられるのだ。それは、人間でもあり、また人間ではないかもしれず（細菌、コンピューター）、ネットワーク〔▼74〕の連鎖で活発な役割を果たす。このような実体は正確な実像を示されてはいないが、「行動者」（actant）と言えよう。最後に、社会的行為の創造的な概念化は、行為者を自律的行為の能力、内省的かつ解釈的な能力によって定義する。個人は、社会的決定論によって完全に拘束されているわけでもなく、また、自分の利害関心によって完全に支配されているわけでもなく、距離化と批判ができる。行為者のみずからの人生を構築し、判断しようとする願望こそが、みずからを「主体」（sujet）とするのだ（トゥレーヌ、デュべ）。**

＊〔訳注〕ここでは、行為者をめぐって、マートン（Robert K. Merton）、パーソンズ（Talcott Parsons）、ゴッフマン（Erving Goffman）といった二十世紀後半のアメリカの社会学、また、フーコー（Michel Foucault）の二十世紀後半のフランス哲学、ブルデュー（Pierre Bourdieu）の二十世紀

後半のフランス社会学について、個人と社会、主体と客体といった視点から言及している。

＊＊〔訳注〕さらに、行為者をめぐって、二十世紀後半のフランス社会学が簡潔に論じられている。すなわち、ブードン（Raymond Boudon）、ラトゥール（Bruno Latour）、トゥレーヌ（Alain Touraine）、デュベ（François Dubet）である。

35 疎外 Aliénation

疎外の概念は、法学の語彙〔譲渡〕に由来し、財産の移転のことを指している。それが最初に社会学に持ち込まれたのは、カール・マルクスによってであり、資本主義体制での労働者の条件を特徴づけるためであった。すなわち、労働者は、みずからの労働の生産物から切り離され、自分たちの組織を統制することも奪われていたのである。疎外の概念は、拡大して解釈すれば、個人が、外部の実態の利益のために剝奪され、みずからの活動の合目的性を統制することが喪失している状況の総体を指し示している。このことから、疎外は、人間から人間性さえも剝奪し、人間を交換可能な歯車、みずからを統制することができない歯車に同化させるのである。この疎外の概念は、その後、多く政治や文化の分野で言及されることになった。政治の領域では、疎外の状況は、個人がみずからの利害関心に対立する目的を支持することにおいて顕在化するのであり、それは「イデオロギー装置」の作用の帰結なのである(1)。イデオロギー的な疎外は、それゆえ、個人および集合体のレベルで、「虚偽意識」

に依拠している。この「虚偽意識」は、また文化の領域において、マスメディアや、娯楽文化産業の作用を通して顕在化する。[2] 今日の社会学においては、疎外の概念は、とりわけ象徴的支配や文化的正当性に関する理論の背景の基盤にある。[3]

36 アノミー Anomie

この用語は、ジャン＝マリ・ギヨーによって、一八八五年、道徳に関する著書において使われた。それは、「固定した法の不在」を指し示しているが、個人の自由や独創性という肯定的な意味が与えられている。エミール・デュルケムは、この概念を『社会分業論』（一八九三）で自分の社会理論のために使用するが、それに否定的な意味を与えていた。すなわち、「私たちは、ギヨーとは反対に、アノミーとは全道徳の否定であると考える」。そこに、デュルケムは、分業の一つの「病理的形態」を見ていたのである。言い換えれば、「分業が連帯を生み出さないなら、諸機関の関係が規制されていないからであり、関係がアノミーの状態にあるからなのだ」。それ以降、アノミーは、無政府状態、つまり規則と規制の欠如とともに使用されるようになった。

しかし、この概念は、また別の発展をみることになる。

第一に、デュルケムは、一八九七年、『自殺論』において、この概念を再び使用する。そこでは、アノミーは、自殺の諸類型の一つとなり、近代社会の進歩における危険を特徴づけている。個人、そして個人の願望を無制限に肯定することに対して、社会は、限界と目標を与えなければならないのである。

一九〇二年以降のデュルケムにおいて、またデュルケム学派の人々において、この概念は使用されなくなるが、一九三八年、ロバート・K・マートンの論文によって、意味の転換を伴いつつも、再使用されることになる。(4) 彼によれば、願望を実現する手段が限られていることが、アノミーをつくるのだ。問題性は、それゆえ、個人主義の近代の世界における規制の欠落から、消費社会における社会的不平などへと移行する。

このアノミーの概念は、一九六〇年代に、議論の頂点に達する。アノミーの概念は、社会学の「滅多にない、真に中枢的な概念の一つ」(パーソンズ)、「根本的な考え方の一つ」(マンドラス)として提示されることになる。しかし、ベナールが示したように、この概念は、経験的研究においては、ほとんど役に立たないし、発見的手法ではない。ある時代において、その概念は、社会学者にとって、「自分たちの職業的アイデンティティを確認するためのもの」(5) であったのであり、さらに付け加えるなら、社会変動を喚起するためであったのである。

37　資本 Capital

経済学の概念装置から借用された資本の考えは、第一に資源の総体を指す。それは、個人や集団が所有し、彼らの人生の軌道、とりわけ学校教育、職業、結婚、家族の領域において影響を与える。今日の社会学者は、この概念を非常に頻繁に使用し、さまざまな資本、とりわけ経済的資本、文化的資本、社会的資本を強調している。経済的資本が、一般的に、個人の財政的、家産的な資源、あるいは動産的、不動産的資源の総体を指すなら、ピエール・ブルデューの社会学によって一般の人々にも使用されるようになった文化資本の考えは、本質的により複合的である。すなわち、文化資本は、第一に、文化財産の所有の形態（書物、芸術作品など）において客観化される。次に、文化資本は、とりわけ学校教育（ディプロマ）によって制度化される。最後に、文化資本は、輪郭づけて客観化するのがより一層困難ではあるのだが、性向や能力とかかわる。それらは、象徴的財産の消費のなかで実現された性向や能力であり、言語の交換、行動し、思考し、対応する仕方のなかに体現されるさまざまな「生活様式」を構成するものでもある。社会的資本は、その概念の発展はより最近であるが、個人が、みずからの人生における関係のネットワーク、家族、友人、仕事の同僚、近隣を通して動員する資源《リソース》である。(8) これらのさまざまな資本のディスタンクシオン〔持てる者と持たざる者の差異や区分〕は、とりわけ、教育と社会移動の社会学において、人生の不平等の生産、再生産の分析において使用されたのであるが、それらの資本の蓄積や継承の形態は、今日の社会学で好んで扱われる研究対象であり、社会成層や階級関係といった一次元的な概念化とは異なっている。

38 キャリア Carrière

キャリアの考えは、今日の語法においては、職業的キャリア（占有するポストの継起）に、しばしば、社会的上昇（「キャリア形成」）がかかわっている。相互作用主義（とりわけゴッフマン、ベッカー、ストラウス、ヒューズらに代表されるアメリカの学派）に近い社会学者は、キャリアの意味を拡大してきた。だれにとっても（生徒、失業者、病人、逸脱者など）キャリアがあるのだ。ハワード・S・ベッカーは、『アウトサイダーズ』(9)において、逸脱のキャリアにおける三段階を分析した。まず、規範に対する違反だけでは、このキャリアの開始には十分ではない。次に、個人がさらに逸脱に入り込むことになるかどうかは、公的なラベリングの〔レッテルを貼られる〕契機を必要とする。そして、組織化された逸脱集団への加入は、逸脱のキャリアへの関与を正当化する。この考え方は、また、客観的次元においては、個人の公式の状況であるとみなされよう。そして、主観的次元においては、個人の主観的変化を記述することを可能とする（仲間内の意味づけ、自己イメージ）。キャリアを時系列プロセスとして分析することは、行為者が変化を予想し、準備し、困難に直面し、失敗や成功を解釈することにかかわっている。エヴェレット・ヒューズは次のように述べている。「主観的には、キャリアは、進展するパースペクティブであり、その経過において、人は、自分の人生を、一つのまとまりとして見るのであり、その人生の属性、行為、自分に生起する事柄を解釈するのである」(10)。

ところで、アーヴィング・ゴッフマンは、キャリアの道徳的次元を考察することを提案した。それは、「すなわち、キャリアによって個人のパーソナリティに介入する修正のサイクル、そして、個人が自分を意識し、他者を理解するための表象の体系の修正のことだ」[11]。キャリアは、意義のある進展を特徴づけ、パーソナリティへの、そしてまた、認識の仕方、世界を把握する仕方への具体的な帰結をもたらすのである。

39 界《シャン》 Champ

界《シャン》という考えは、ブルデューの理論において重要である。界は、巨視的《マクロな》社会の内部における、自律的な微視的《ミクロな》社会関係である。それぞれの界（政治、宗教、医療、ジャーナリズム、大学、司法、サッカーなど）は、それぞれの界に固有の規則に統制された、特定の目的の追求によって特徴づけられる。それゆえ、芸術の界を統制する法（芸術のための芸術）は、経済の界（ビジネスはビジネス）のそれとは対立する。ある界に固有の争点〔問題点〕は、その界の外部の人々にとっては幻想であり無意味である。詩についての論争、新聞の第一面を勝ち取るジャーナリストたちの争いなど、銀行家にとっては不毛なことにみえる。あるいは、銀行家の心配事は、芸術家やエコロジー運動家にとってとるに足らないことだ。ある界の論理は、特定のゲームの意味やハビトゥス［▼54］の形態において、その界にかかわる個々人において身体化された状態にある[12]。

界は、専門家（政治、宗教など）と素人との間の分断に依拠している。界の境界の確定それ自体が闘争の対象なのである。それゆえ、芸術の界においては、争点は、次のことにかかわる。すなわち、だれが、みずからを芸術家と言うことができるのか。また、だれが芸術家であると言うことができるのか。界とは、相互に関連し合っている位置の布置状況であり、常に対立と競合の空間なのであり、それは、それぞれの界の統制をめぐってのことなのだ。各界の内部には、支配者と被支配者、古株と新参者が見受けられる。界に特化した資本［▼37］をより保有する者が、保守的な立場をとる傾向にある。界の体制の転覆の戦略は、正当な資本をあまり与えられていない、競合する集団に生じてくるだろう。

今日の社会は、諸々の界の自律化の過程に直面している。すなわち、それは、それぞれの界に固有の原則、固有の規範を、外部の権力の侵入に抗して喚起する過程である。この自律化の過程は、決して完全に達成されるわけではなく、また後戻りできないわけでもない。(13) しかし、界の多元化は、今日の社会の特徴であり、権力の集中に対する防壁なのだ（美を規定するのは政治権力ではないし、科学を規定するのも経済権力ではない）。界の理論は、したがってブルデューにおいては、文化や科学の自律性を防衛することにいきつく。それこそが、創造と発見の過程に不可欠な条件なのだ。(14)

40 共同体と社会 Communauté et société

「共同体と社会」との対立の考察は、フェルディナント・テンニエスに依拠している。テンニエスは、一八八七年の彼の著作において、社会の二つの類型、すなわち社会関係の二つの類型を対立させた。すなわち、共同体（ゲマインシャフト）と社会（ゲゼルシャフト）である。[15] 共同体は、諸個人の感情的かつ空間的な近接性によって特徴づけられ、それゆえ、「血縁、地縁、精神の共同体」として規定され、そこでは全体が個人にまさる。他方、社会とは、熱狂的な個人主義であるが、それは、いまや分離した諸個人の競合であり、人の利害関心の支配があらゆる社会関係の基礎となり、契約の交換に帰着するものである。この対立は、二つの理念型［▼32］の対立として考えられるが、テンニエスは、悲観的な歴史観に立っていた。すなわち、商業的、産業的社会が、かつての共同体の崩壊のうえに勝利するというのだ。しかし、このような二分法は、あまり単純化して考えるべきではない。テンニエスによれば、希望と郷愁との間を揺れ動きつつ、社会のただなかに、共同体の要素が残存している。それらが活気を取り戻せば、少なくとも部分的には再生することはありうるだろう。

41 布置 Configuration

布置という用語は、社会学では、多様な意味がある。ミンツバーグ*は、とりわけさまざまな類型の組織を表するために用いている。しかし、この用語は、まず、ドイツの社会学者、ノルベルト・エリアスによる理論に由来する。[16] エリアスの概念は、社会は諸個人の間の相互依存のネットワークであるということを意味している。それゆえ、個人はみずから参入している相互依存の連鎖から孤立できないのと同じように。社会はある一つの実体ではないのだ。社会を把握するには、推論は、それが理解しようとする対象として、関係性に基づかなければならない。

布置について語ることは、諸個人の相互依存が、「社会を構成するマトリックス」[17]であることを明らかにすることとなのだ。諸個人の行為は、たとえばチェスのゲームのように、互いに依存しており、一つの駒の移動は、すべての駒の可能な動きが変更される。それゆえ、布置の概念は、社会の関係的な根本概念にかかわる。したがって、エリアスによれば、常識（それに古典哲学や社会学の一部もまた）が個人を一つの分離された現実とみなすとき、誤りを犯している。個人は、習慣の文明の過程、相互依存の連鎖による発展の帰結なのだ。社会学者は、社会に特権を与え、固有の現実とみなすなら、同様の誤りを犯している。エリアスにとって、個人／社会の布置状況、ならびに、その進化は、社会学者が記述し分析しなければならないことである。布置における関係こそは、関係づけられる諸部分と同様に現実的なことなのだ。

このように考えるなら、社会を形成する関係の網の目は、ゲーム、すなわち、進化する競争に似ている。ゲームは、社会を考えるための「基本的な前提」なのだ[18]。ゲームの比喩は、社会的な生は競合的であること、さまざまなパートナーが相互依存の関係に参加し、その関係は、しばしば「力の均衡」において安定化することを意味する。社会の進化は、この均衡の修正によって説明され、諸個人の行為や、行為への反応の連鎖の帰結によって説明される。こうした反応の連鎖が、今度はゲームやゲームの参加者に変化をもたらすのである。

エリアスは、ゲームの比喩に依拠しつつ、布置状況という用語の意味を次のように定義する。「それは、ゲームのプレーヤーが形成する常に変化する全体像である。プレーヤーの知性だけでなく、全人格、行為、相互の関係が含まれる。〔……〕この布置は、さまざまな緊張がある」[19] そして、ジャン＝ユーグ・デショは、布置の概念を次の二点によって、集約している。すなわち、「①力の動的な均衡、そして②社会的競争の帰結や条件であり、②は、ゲームのプレーヤーの行為や思考にかかわっている[20]」。

ブルデューによって練り上げられた界〔▼39〕の概念は、支配が第一であり、支配される人々に、それとは気づかれることなく課される関係のシステムを記述する。しかし、エリアスは、その界の概念に取って代えて、競合的ゲームについて考えたのであり、それは、一九九〇年代以降、フランスにおいて、研究者たちの新たな関心を呼んだのである。エリアスのアプローチは、とりわけ、ベルナール・ライールをはじめとする社会学者によって用いられた[21]。彼（女）たちは、社会的世界の拘束条件を尊重しつつも、行為者による内省〔再帰性〕を押しつぶさないように配慮している。

＊〔訳注〕Henry Mintzberg、一九三九年生まれ、カナダの組織社会学者。

42 闘争《コンフリクト》 Conflit

闘争《コンフリクト》は、社会における諸個人や諸集団の間の（また諸社会の間の）対立である。それは、「通常の手続きでは、決定をすることができないときに」生ずる[22]。この定義は、一般的に認められているが、組織社会学に由来し、闘争は、組織モデル、権力関係に依拠していると考えるのである。

闘争は、革命、戦争、ストライキの場合に公然と顕在化する。また、闘争は、潜在的な状態でも存在する[23]。そこで、闘争の理論では、紛争や闘争の関係が社会秩序を構成するものであると考えている。あらゆる社会は、対立する利害関心、分割、緊張を孕んでいるが、それは、公然たる闘いによっては必ずしも解決されない。しばしば、階級闘争の視点（マルクス、エンゲルス[24]）からみられている闘争は、階級闘争のみには還元されない。それは、世界の多元的特徴、すなわち多数の集団、利害関心、パースペクティブにかかわり、多面的に展開するのである（ウェーバー[25]）。

社会を特徴づけるのに合意と統合を重視するアプローチ（デュルケム、パーソンズ）は、闘争のなかに、社会秩序を脅かすもの、規制すべき機能不全しかみようとしない。ほかの社会学者は、逆に、闘争は、必ずしも破壊的ではないと考える。すなわち、それは、規制の一要素であり、統合の要因なのだ。そこで、ゲオルク・ジンメルは、もし、立場が諸個人を分かち、対立させているとしても、闘争は、相互作用の形態をとり、「断絶した状況の統一[26]」を再生し、絆をつくり社会化する、と強調した。それゆえ、その分析は、闘争の社会的機能にかかわっている（コーザー[27]）。最後に、闘争は、社会変動、社会の生産（トゥレーヌ）として[28]、さらに、「歴史の原動力」として分析される。実際、闘争の社会学者は、歴史資料、変動のモデルに不断の注意を払うのである。

43 社会統制 Contrôle social

「社会統制」の考えは、政治的には否定的な範疇《カテゴリー》である「統制社会」の考えと混同してはならない。社会統制は、より一般的には、社会によって行使される手段（物理的にせよ象徴的にせよ）の総体にかかわっていて、社会の成員が規範にしかるべく同調するのを確実にするのである。この統制は、法や規則によって生み出される拘束的な制度（学校、警察、司法、宗教、医療、社会事業の諸制度）によって実現される。また、家族、学校、都市の地域、職業の社会化を通じて内面化される拘束の形態によっても、実現される。社会規範は、持続的であるためには、外部から課せられるだけではなく、諸個人の支持を生み出し、それが、規則への服従を諸個人みずからの義務とするのである。[29] 衝動を増大させる「自己統制」こそが、ノルベルト・エリアスの言う「習俗の文明化」の過程を特徴づけているのだ。[30]

この第一の区別（課せられた統制／内面化された統制）は、形式的社会統制と非形式的社会統制との第二の区別を伴っている（完全に同義と言うわけではない）。諸制度による社会統制は、形式的手続きの対象となるが、より個人的な相互作用も対象となる。実際、社会統制は、制裁という形態（身体や言語の矯正、罰としての課題、スティグマの付与、追放、罰としての応報、暴力）をとる。しかし、その規定的な側面を見過ごしてはならない。すなわち、賞賛、報酬、宣伝、行動の傾向の誘導によって、「よい」実践、模倣すべきモデルを促進するのである。

相互作用学派の社会学が論じているように、社会統制は、その集団が支配的な規範に逸脱的であれ（ベッカー）同調的であれ、あらゆる類型の集団においてみられる。重要なことは、その社会集団が合法的か違法的か、公式的か秘密裡かといった次元よりも、その内部で実現される連帯の類型なのだ。つまり、個人が共同体的な機能の集団（村落、徒党集団など）に統合されているなら、社会統制は、個人の全体（身体、私生活、職業および公的生活）に及ぶだろう。社会集団がより匿名的であり、絆がゆるやかであれば、社会統制は非人格的であり、また完全ではない。社会統制は、それが何であれ、決して完璧であることはない。最も規律を重視する場においてさえ、そうなのだ。順応、適応、また違反することで、ゆるやかな行動選択の余地を伴う（ベッカー、ゴッフマン）。

しかし、マルクスとブルデューの社会学は、社会統制の不平等を強調する。それは、支配者と被支配者、社会統制の受益者と社会秩序の犠牲者との境界を制定するのだ。すべての社会集団が、実際、同じ強度で、統制の装置に従っているわけではない。

44 信念 Croyances

信念は、社会学と人類学において非常に重要な位置を占めている。まず第一に、信念は、古典的な対象であり、学問領域が創立される研究業績の中枢に位置している。すなわち、マックス・ウェーバーの『プロテスタンティズムの倫理と資本主義の精神』（一九〇五）、あるいはデュルケムの『宗教生活の原初形態』（一九一二）である。信念や宗教の問題が西欧哲学の伝統において重要であるなら、誕生しつつあった社会学は、必然的に、その伝統から、同じ問題を引き継いだのである。とはいえ、創成期の研究業績や、そこでの信念の現象の経験的な分析をみるなら、そこで問題とされていることは、根本的に斬新であり、信念に関して提起されている問題は、社会学固有のものである。いったい、諸個人、諸社会は、一見したところ、誤った、あるいは不条理な命題を、どうすれば信じ、支持するのだろうか。信念は、どのようにして生成し、変化し、消滅するのだろうか。信念や宗教は、何の役に立つのか、それらの社会的役割とは何か。どの程度まで、信念は、社会における諸個人の行為の原動力、それゆえ社会的なものの基礎と考えることができるのか。

これらの問題は、デュルケムとウェーバー以来、今日まで、多くの経験的かつ理論的な研究を生み出してきたし、そこから重要な教訓が引き出されよう。すなわち、社会学においては、信念にかかわる利害関心は、宗教現象のみに限られず、それどころか、非常に多様な形態の信念の研究へと拡張され、それらのいくつかは、そもそも社会科学の古典とされている。なかでも、地球外生物の到来を信じるセクト（教団）についてのフェスティンガーによる研究は、「認知的不協和」の考えを洗練させることになった(31)。あるいはまた、エドガール・モランによる『オルレアンのうわさ』の研究も、ここで留意されよう(32)。

それゆえ、信念は、社会学と人類学にとって、単なる研究対象［▼10］とは少しばかり異なっている。それらの学問にとって、信念は、実際、非物質的な現象についての科学的説明を提示しようとする限りにおいて「みずからの科学としての地位を検証する仕方」でもある(33)。それらの現象の外的な表れは、捉えることが難しく、通常は、非合理的とみなされている。社会学が、そこに、主要な認識論的な課題を見いだしたとしても、驚くべきことではない。そうであるからこそ、社会学における信念の研究への尽きせぬ熱狂が説明づけられるのだ。さらに、信念についてのさまざまな概念は、経験に依拠する研究において生み出されるが、実際には、常に、社会的世界の「パラダイム（範例）的」とでも呼べるような、非常に一般的な一つの概念形成に、毎回とりかかっているのである。それゆえ、デュルケムが提示した宗教の分析は、明らかに「機能主義」と言えるのであり、信念、とりわけ宗教的信念は、社会的凝集性という強い絆によって記述されている。ウェーバーにおいては、強調点は、むしろ信念および、信念の背後にある合理性、信念が引き起こす行為の論理との間の関連づけに置かれている。もし、デュルケムとウェーバーという二人の社会学の巨匠たちの類似するところ、あるいは隔てるものは何か、について議論し続けられるなら、信念の分析は、常に、社会的なものの概念の中枢にあることを認めざるをえないだろう。

45 文化 Culture

おそらく、文化の考えほど、社会科学において広大で多義的なものはない。それは、象徴、意味作用、あるいは、価値、行動の仕方の総体を代わる代わる指し示し、該当する集団に固有であり、そして、学者や一般の人々の表現活動に特化された領域に固有なものである。文化の考えは、社会学の壮大な主題（成層、不平等、社会運動）の探求において、また、芸術、大衆メディア、科学、余暇産業、宗教といった文化生産の特定の領域の探求において動員される。[34] 社会科学における文化の考えをめぐっての混乱は、文化は、社会学的分析において、ときには説明変数、またときには被説明変数として用いられ、それゆえ、文化の認識論的な位置づけが不確実であるときに顕在化する。この不確実性は、とりわけ、この学問の創設者において見いだされる。マルクスは、社会のイデオロギー的、文化的上部構造を、物質的、経済的下部構造にはっきりと従属させたのであるが（反映の理論）、ウェーバーは、とりわけ『プロテスタンティズムの倫理と資本主義の精神』において、逆に、社会変動の原動力としての信念や価値の方向づけを考えたのである。他方、表象、規範、信念は、デュルケムにおいては、極度に、社会的事実の強制的現実を示すものであり、諸個人の表明には還元されない。文化についての社会学的アプローチでは、とりわけ階層制や正当性の考えが強調され、しかも人類学的アプローチとは異なっているのである。すなわち、人類学では、価値や意味内容の多元性、相対性が、より主張される。しかし、今日の文化の社会学は、その内部で論争に満ちているのだ。ある研究者は、文化の領域を何よりも疎外［▼35］の空間、[35] あるいは、支配の空間とみなし、「象徴的暴力」や「文化的正当性」（とりわけブルデュー）の考えに依拠している。[36] また、反対に、リチャード・ホガート[37]やレイモンド・ウィリアムズ[38]の考察（カルチュラル・スタディーズの流れ）にしたがって、文化の領域において行使される支配に対する抵抗の形態を探求しようとする研究者たちもいる。

46 ライフ・サイクル（生活周期）Cycle de vie

社会学の概念として、ライフサイクル（生活周期）は、社会が年齢の継起を定義し構造化する仕方を示している。その概念は、諸個人が、幼児期から老年まで、家族、職業、社会において、秩序だった段階の継起を辿るという仮説に依拠している。ライフ・サイクルの理論は、これまで長い間、人生の三段階の分割、すなわち、給与所得の活動を中心に、若年、成年、老年という分割にしたがってきた。このような構造化は、主として職業生活が一方向に経過する社会組織の様式と結びついていた。より最近の社会学的研究では、このような分析枠組みによらずに、パラダイムを変更し、より長期の、そして地位が可変的に経過するなかで、人生の展開を考察しようとする。まず、人生の三段階の概念は問い直され、たとえば、「若年」、老年後の「第四期の年齢」のなかに、新たな時間のありかたが出現しつつある。次に、人生の経過が一方向的であるという前提は、家族、職業上の地位の経過の可逆性（結婚／離婚、就業／失業）の増加によって、適切とはいえなくなった。また、ある社会的時期は、生涯にわたり教育機関で学んだり、中高年になって再婚し家族を構築し直したりすることで、ある社会的時期がほかの時期とつながり、拡張されたりもする。今日の人生の「柔軟化」の運動は、以前ある年齢期から次のそれへの移行を示していた「閾」を区分する力が弱まったことによる。このようにして、新たな概念装置がつくられ、「経過」、「軌道」、「生活史」「人生の軌跡」といった概念は、それがもつ理論的、経験的なアプローチを超えて、確かに個人化された人生であっても、それだけに社会的に制度化された人生の構造化を解明しようとするのである。

47 帰属喪失《デザフィリアシオン》 Désaffiliation

排除 exclusion の考えについて批判的な立場は、一九九〇年代初めから一般的となってきた。ロベール・カステルは、多くの自著のなかで、排除に替わる概念として帰属からの離脱〔帰属喪失《デザフィリアシオン》〕を提案したが、それは、ある少なからぬ困難な問題を避けるためであった。カステルにとって、排除という考えは、一つの罠であり、その概念が、混成語のように、多義的な用いられ方をするだけでなく、また、多様な状況（政治、メディア、学術）を、その特殊性を無視して、同一に扱ってしまうのである[39]。カステルにとって、「剝奪状態」の確認は、この現象を生み出すメカニズムを分析するために、乗り越えられなければならない。まず、カステルは、一九九〇年の論文「帰属喪失という物語、トリスタンとイゾルデ」において、帰属喪失を「社会生活が再生産され継続されるための規制からの離脱」と定義している[40]。カステルは、一九九一年の論文において[41]、用語を明確化し、貧窮の状況を考察する二つの軸を区別することを提案している。第一は、統合の軸、すなわち、労働による統合／不統合であり、第二は、社会・家族の社会性への参入／非参入の軸である。つまるところ、帰属喪失を定義するうえで、次の二通りの姿形に頼りたくなるのだ。それは、血統の欠如と帰属の欠如である。血統の欠如は、第一次的な社会的紐帯（とりわけ家族）の欠如、つまり近親者による身近な保護の欠如である。第二の帰属喪失は、とりわけ、労働の集合体に基づく保護の集合的形態への加入の欠如である。

48 決定論 Déterminisme

決定論は、生物、心理、社会、あるいは歴史の視点から考えるにせよ、科学というよりも形而上学の命題である。その命題によれば、ある種の無意識（生物的、心理的など）が、諸個人の行動を貫《つらぬ》いて決定づけるだろうと。それゆえ、決定論は、その反対命題に真っ向から対立する。反対命題とは、やはり形而上学的なのであるが、人間は、絶えず直面する拘束にもかかわらず、みずからの選択において完璧に自由である、というものである。しかし、このような一面的な世界観――決定論か自由か――では、社会科学が研究の使命とすべき現実の複雑さを正当に扱うことはできない。個人は、状況に完全に服従することなく、状況から完全に自由であるわけでもないが、何らかの行動力をもっているのであり、それゆえ、個人を一定の自律性《オートノミー》を与えられた行為者と考えることができる。したがって、今日の行為理論（方法論的個人主義、象徴的相互作用主義、戦略分析）は、人間科学の支配的な傾向によって長い間にわたって肯定されてきた社会的、文化的決定論から決別し、諸個人が所有する選択、決定、行為の能力を重視する。解明すべきことは、決定論と自由とをこえて、諸可能性の界《シャン》なのだ。

49 逸脱 Déviance

マートンとパーソンズによって、逸脱の考えは、まず一九五〇年代のアメリカ社会学において登場する。その概念は、以前の非行に関する古典的な研究領域を拡充したのであった。非行の研究は、両大戦間に「シカゴ学派」の社会学者によって展開され、社会組織の解体の理論に依拠していた。続いて、一九六〇年代になると、逸脱の考えは、レマート、マッツァ、ベッカー、ゴッフマンといった研究者、より一般的には「第二次シカゴ学派」と呼ばれる研究者たちにより、決定的に転換され、理論化された。

逸脱は、逸脱が違反する規範の裏面として定義される。逸脱は、社会問題として存在するためには、三つの要素の結合が前提となる。すなわち、規範、この規範に対する違反、そして規範の違反への「社会的反応」である。これらの三つの要素のそれぞれは、社会学的研究の一領域を構成する。

規範の絶えざる歴史的進展は、同時に、逸脱の様相を明確にする。これまで犯罪化されスティグマを付与された行動のなかには、いまや、そうではないものもある（同性愛）。また、ほかの行動は、新たに犯罪となりスティグマを付与されることもある（健康や安全に関する規範の進展）。このような進展、変遷は、社会集団、政治集団、商業的利害における闘争《コンフリクト》がかかわっている。

このように諸規範の優位性や不安定性が確証されれば、違反に関する理論的議論は、新たな展開が可能となる。こうした議論には以前から、正常と病理との対立を中和化する生物学的なタイプのモデルが入り込み、長らく、影響を受けていたのである。いまや、規範に与する心理・社会的決定因、また、社会化や社会同調主義のプロセスに留意しなければならない。

最後に、ある規範の違反は、そのことにだれも気づかず、スティグマを付与しなければ、社会的に存在しない。この問題は、社会的反応の社会学の領域である。逸脱は、いかにして、なぜ、突き止められ、判断され、告発され、追求されるのか。これらの社会的対応の行為者はだれか。社会的反応は、どのように進展するのだろうか。

50 社会的資格の喪失 Disqualification sociale

社会的資格の喪失の概念は、保護や社会的承認の喪失と言う意味において個人が社会との絆を弱めたり、断絶する過程に関することである。社会的に資格喪失した人間は、将来について脆弱であるとともに、他者から自分への否定的なまなざしの重みによって打ちのめされている。この概念が、社会学において比較的最近のものだとしても、その起源を、二十世紀初めのゲオルグ・ジンメルの貧困者の地位についての研究において見いだすことができる。[42] 彼が提示した研究対象は、貧困それ自体でも、貧者それ自体でもなく、貧者と、貧者が生きている社会との援助の関係なのである。より最近の研究によって、社会的資格の喪失は、社会サービスへの依存からみて貧者とされている人々と、それ以外の社会の人々との、両者の関係の可能な諸形態の一つであることが立証された。[43] この関係を規定するうえで、主に以下の五つの要素が指摘できるだろう。①援助を受けているということが、「貧者」を特定のキャリア〔▼38〕に割り振り、当初のアイデンティ〔▼56〕を変化させ、他者との関係の総体に与えられるスティグマ〔▼80〕を印すことになる。②貧者が、援助を受けているということで、資格を喪失させる評価の低い社会的地位しかもてないとする。けれども、貧者は、十分に社会の構成員であり、そうであるがゆえに、最下層を構成する。③貧者が、スティグマを付与されているとしても、貧者は、自分を打ちのめす他者の不信に抵抗する手段を保持している。④社会的資格喪失の過程〔▼68〕には、いくつもの段階がある（弱さ、依存、そして社会的紐帯の破綻）。⑤この過程が拡張する社会歴史的条件は、次の三つである。第一は、雇用市場の極度の衰退に結びついた経済発展の高度な水準。第二は、家族の社会性と私的な支援ネットワークの極度の弱体化。最後に、貧困に対する闘いである社会政策が、扶助に近似した対象者のカテゴリー別の政策にますます依拠するようになっている。

51　分業 Division du travail

個人はだれもが、自分のニーズ（必要）を、完全に充足させることはできない。それゆえ、労働（生産、家事、手工業、サービス、再生産など）は、さまざまな行為者によって担われる。エミール・デュルケムは、彼の著書『分業論』(44)で、分業と社会的凝集性との結びつきの問題に取り組んだのである。彼は、社会の進化に応じて連帯の二つの類型を示した。すなわち、「機械的連帯」においては、分業の水準が低く、社会活動はあまり多様化しておらず、〔集団の〕凝集性は社会的類似から生まれる。次に、「有機的連帯」とは、近代社会において、諸個人でありながら自律性をもち、しかし個々の任務が高度に専門化したゆえに相互に異なる諸個人の間の凝集性を指す。

デュルケム以降のほかの社会学者たちも、分業に関心を持ち続けてきた。アメリカの社会学者、エヴェレット・ヒューズは、「道徳的」分業を強調する。「社会における分業は、しばしば指摘されているようには、完全に技術的なものではない。分業は、また、心理的であり、道徳的なのだ」[45]。自分たちの仕事から非常な威信を得る職業人もいれば、そうではない者もいる。医療の労働は、好例だろう。患者のケアする仕事は集団的であるが、しかし、「その参加者は、だれも一致して、医師に特別な才能と特権とを付与する。他方、下層の業務を遂行する人々は、必要とされても、奇跡の主役として認められることはなく、低い威信しか与えられない」[46]。だれも、結局、「ダーティ・ワーク、汚い仕事」を他者に押し付けようとするのであり、汚い恥ずべき業務を、下層の職業の人々に任せようとする。ヒューズは、例として特にゴシップ屋を取り上げ、「他者のために『汚い仕事』をいとわず稼ぐ」人間であると述べている[47]。

社会学者たちは、「性的」分業、すなわち、職業にかかわることであれ（労働市場、男性的職業か女性的職業、地位の階層）、家事にかかわることであれ、労働の性［▼93］による不平等な分割についても問うている。

52 支配 Domination

ウェーバーは、単なる自己の意志を貫徹する能力と、支配を区別する[48]。支配は、ある人々の集団が特定の命令に服従する心づもりであることを見いだす機会を必要とする。支配とは、それゆえ、単なる力関係ではなく、支配される側の賛同を喚起しなければならない。あらゆる支配は、この信念の正当性を呼び覚まし、維持しようとする。ウェーバーは、それゆえ、支配が依拠する正当性の類型によって、三つの支配の類型を次のように区別する。まず伝統的支配は、伝統の正当性への信念によって実現される。次に、カリスマ的支配は、権力を行使する人の卓越した、神聖な特性、英雄的な徳、例外的な価値への服従に依拠している。そして、最後に、合理的であるがゆえに合法的な、あるいは合法的であるがゆえに合理的な支配は、そこで採用された規則の合法性への信念に依拠している。

ブルデュー[49]は、このような支配される側の支持を可能にするメカニズムについての分析を展開している。強制や物理的抑圧は、象徴的暴力による穏やかで隠された拘束に取って代わられる。行為者は、自分たちの知らぬ間に行使される支配に服従するのだ。支配関係（階級、ジェンダー、人種など）は、このような承認を得なければ永続できない。承認は、また、支配関係が依拠する力関係の恣意性を無視することでもある。支配の構造は、それゆえ、社会的でもあり精神的でもある。支配する者も、支配される者も、同一の知覚のカテゴリーをもっていて、社会的世界を分割する同一の原則、同一の対立構造（上／下、男性／女性、卓越／下品など）に従っている。

支配の構造は、没歴史的なのではない。その構造は、権力の領野における支配者同士の闘争、さらには被支配者と同盟もありうる闘争の結果である。さらに、その構造は、再生産という絶えざる仕事の所産でもあり、それにさまざまな制度（教会、学校、国家、家族）がかかわっているのだ。そうすることで、支配関係は「自然な」ものとして現れるようになる。これこそが、権力と支配の相違である。権力は、その現実が見破られているが、支配は隠されなければならない。[50]（真理の）解明［▼4］、社会関係の「脱自然化」についての社会学の仕事は、それゆえ、このような支配の構造から解放される可能性をもたらしてくれる。

53 ジェンダー Genre

英語の「ジェンダー」（*gender*）そしてフェミニズムの理論に由来する「ジェンダー」（genre）は、性の概念との三つの様式の関係をもつ概念である。[51]

まず第一に、ジェンダーは、これまでの社会的伝統がそうであるように、生物学的性によって決定される。この場合、ジェンダーと性とは、相互に一致する。男性が、男らしいジェンダーであるのは、「男性」として生まれたからである。女性は、女らしいジェンダーであり、「女性」として生まれたからである。

次に、ジェンダーは、生物学的決定に関連づける必要はなく、社会的に構築されたものと考えることができる。それが、社会科学においては、より一般に認められている意味である。「ジェンダーの差異」とは、活動の象徴的、物質的な階層化のことなのだ（性的分業は、権力関係[52]、男性支配[53]を含意している）。性とジェンダーとの分離があるとしても、二つの性の解剖学的差異は、普遍的であるとされ、「思考の最後の歯止め」となる[54]。

第三のジェンダーの概念は、解剖学的差異という現実自体を問題とし、性自体が社会的構築物であるとみなすことだ。医学的な取り扱いについての歴史を眺めてみれば、性はさまざまな変化を被っている。それゆえ、意味をもたない身体は存在せず、それこそジェンダーの文化的意味が問うことなのだ。性を生産するのはジェンダーである[55]。このような枠組みにおいて、性とジェンダーとの二分割は、「自然」であるどころか、ジェンダーの規範の反復によって維持されるフィクションであり、それが、性とジェンダーの固定化、また性それ自体の幻想を生み出すのである。ジェンダーの規範は、実際、「異性愛」の「自然性」を導く。男性であるか女性であるかは、他方の性とともに、暗黙のうちに再生産される。

ジェンダーを、規範の装置として考えることは、したがって、性／ジェンダー／性的行動の相互関係についての歴史的、地理的変異に関心を向けることにある。そして、それは、ある集団において、ジェンダーと性愛との関係を秩序づける権力関係を明らかにすることなのである。しかし、それは、また、社会集団のレベルにおいてだけでなく、個人史のレベルにおいて、ジェンダーの規範の転覆の可能性の条件を指摘することでもある。

54 ハビトゥス Habitus

ハビトゥスの概念は、すなわち、行為主体に客観的に課せられた拘束と、他方行為主体の主観的な願望や希望との間で、計算もなく明示された意図もなく、きわめて頻繁に「自ずから」作用する調整を解明するために、ブルデューによって用いられる。大事なのは、社会的世界や、その階層制を当然の如くみなすうえで、「必然性を徳とする秩序に即時的に服従させるよう仕向ける、すなわち、拒否されることを拒否し、不可避のことを望む類の服従[56]」を説明づけることだ。

ハビトゥスとは、持続的な、そして後天的に獲得された性向の総体であり、評価や判断の範疇から成り立つとともに、社会的位置（ポジション）に適合した社会的実践を生み出す。ハビトゥスは、幼少期の教育、そして初期の社会経験を通して獲得されるが、人生の軌道、そして後の経験に反映される。すなわち、ハビトゥスは、社会構造の漸進的な身体化〔体内化〕の帰結なのだ。それは、次のように説明できる。すなわち、行為主体は、類似の条件下では、同じ世界観をもち、実現可能か不可能かについて同じ考えをもち、余暇や友人を選択するのに同じ基準をもち、同じ服装や美的な趣味をもつようになる。きわめて少数の社会の生成原則（上層階級の区別の感覚、中産階級の文化的善意、庶民階級の必然的なものの選択）によって、色々と異なる領域における多くの実践が理解できるようになるのだ[57]。

ハビトゥスは、実践状態における予知であり、機械的な決定ではない。性向とは、潜在性の状態なのであり、それは、戦争のないときにおける戦士の勇気のようなものだ。それぞれの微視的《ミクロ》な世界や界《シャン》［▼39］は、特定のハビトゥスを要求し、それは、当初のハビトゥスを多かれ少なかれ根本から変えることになる。さらに、構造変化や社会移動によって、性向と地位との調整が、常に保証されるとは限らない。行為主体が位置からはずれ、場に適さず、「不安定な状態」になることは、常に、ありうることだ。社会経験の多様性（社会的上昇、没落、異類婚など）は、それゆえ、分裂し[58]不調和な個人のハビトゥスを生み出す[59]。

55 同類婚《ホモガミー》 Homogamie

異性愛の夫婦の配偶者を比較すれば、その年齢についての類似性を確認できるが、ほかの特徴、すなわち、社会的出自、社会職業的帰属、政治的志向などでも、頻繁に類似性を確認できる[60]。それでは、同類婚について語ってみよう。社会学者は、長い間、このような姻戚関係の問題について取り組んできた。学校教育を受けること、労働の世界に参加することのほかに、諸個人の行動の方向づけの帰結を生むいくつかの社会的経験に加えて、同じ社会的特徴をもつ個人と安定した夫婦生活の実践を挙げることができよう。そこでは、家族の枠組みにおいて、規則や価値が産出、維持、伝達されていく条件が、影響を受けることになる。

類似の人同士で選好される姻戚関係を促進する要因はといえば、結婚を「整える」家族の介入以外には探しても滅多にない。とはいえ、家族の空間内での趣味の形成は、他者に共通の趣味を認めることで、社会的に類似の配偶者を選択することになる。配偶者を選ぶ適切な出会いのために社会的行為者が保持する場所で観察できる社会的分離は、非常に異なる社会的世界を接近させる異類婚を制限することになる。(61) にもかかわらず、異類婚が生じた場合、人類学者によって確認される婿取りの婚姻の現象は、しばしば、子孫の社会化に同質の世界を再構築し、夫婦における一方の構成員は、その社会的軌道が与える期待を放棄することになる。

56 アイデンティティ Identité

アイデンティティは、個人または集団が特定の実体として自己認識し、他者からも同様に認識されるようになる特性、属性の総体のことである。この概念は、個人にかかわるにせよ集団にかかわるにせよ、複数の社会的審級との間の連関のなかで理解されなければならない。

個人のアイデンティティは、社会化の産物であり、それによって「自我」(62) がつくられる。相互作用主義の社会学者にとって、個人のアイデンティティは、社会的相互作用から生成するのであって、社会的相互作用に先行するものではない。(63) アイデンティティは、不動の属性なのではなく、プロセスの産物なのである。(64) それゆえ、アイデンティティの生成は、個人の軌道を通して絶えず継続し、また、そのコンテクストとともに動員される資源《リソース》に依存している。それゆえ、アイデンティティは、諸個人が出会うさまざまな経験によって修正される。クロード・デュバールは、社会的アイデンティティの二つの分離できない要素を指摘している。[65]「自己にとってのアイデンティティ」は、自分自身についてて形成されるイメージである。「他者にとってのアイデンティティ」は、他者に対して差し向けようとする自己のイメージである。そのアイデンティティは、常に、他者との関連において、相互作用のなかで、他者が投げ返すイメージとの関係において形成されていく。それはすなわち他者の承認である。

集合的アイデンティティは、帰属感情がとりわけ強い共同体のアイデンティティの形態（文化、国民、民族など）に起源をもっている。社会的アイデンティティは、束の間の集合体、かりそめの社会的紐帯（家族、仲間集団、労働、宗教）へと差し向けられることで形成される。このようにして、個人は、同時的に、あるいは継起的に、さまざまな社会集団に所属し、多様なアイデンティティ形成の資源《リソース》を供給されるのである。

57 個人化 Individualisation

個人主義という用語は、多義的である。その社会学的な意味は、道徳的意味と混同されてはならないし、また、方法論的な意味（道徳意味とは別の社会学的な意味）とも混同されてはならない。個人化は、個人が主体として構築される長期の過程である。それは、民主主義、市場と結びついた過程であり、古典的な社会学者（トクヴィル、デュルケム、ジンメル）たちが主張したことである。その過程を、ある時期、すなわちルネサンス（しばしば宗教改革に特別の位置づけが与えられる）とか、政治、産業の二重の革命の時期としての十九世紀に結びつけるとしても、詳細な時期の確定とか、年表とかは問題にならない。個人化の理論は、近代性の物語と結びつき、二つの時期を区別する。個人化の過程は、数十年以来（さまざまな表現で言われているが、近代性の第二の段階）、加速化し、そして、さらに、達成の新たな形態をとりつつある。私たちは、集合体の束縛や地位の割り当てから解放され、これからは、「自己であれ」、すなわち、真の個性的な「自己」であれ、という社会的命令に従うだろう。

個人化のパラダイム［▼12］は、フランス社会学において「学派」をつくるわけでもなく（フランソワ・デュベ、アラン・エレンベルグ、ジャン＝クロード・カウフマン、フランソワ・ドゥ・サングリーたちが個人化のパラダイムを主張するが）発展してきたのであり、それは、フランス以外の国の研究者、とりわけウルリッヒ・ベック、アンソニー・ギデンス、チャールズ・タイラーの影響を受けている。なかには、〔個人化という〕現象の開放的次元を主張する研究者もいれば、それに伴う弱さ、安全の欠如を危惧する研究者もいる。それゆえ、自律性、主体性、内省（再帰性）のみならず、リスク、孤立が非常に問題となるのである。

個人化の諸理論は、家族、宗教、参加《アンガージュマン》の社会学（諸理論の間で必ずしも一致がみられるわけではない）において、広く研究者の間で発展してきた。だが、それらの諸理論は、無視され、さらに、ひどく批判されてきた。個人とは、近代、いな、西欧に固有のことなのか？　伝統と近代、個人主義と全体主義、個人主義の以前と以後、古くからの個人主義と新奇な個人主義といった対立は、あまりに単純に割り切ると、滑稽にみえる。考察される過程は、非常に複雑であり（離婚、「ウォークマン」信奉者〔さまよう信者〕、政治活動などさまざまな積極的行動形態の変貌、など）、それらを一覧表に入れてしまうこともあるだろう。家族、宗教、政党へのアイデンティティを流動的に構築できる諸個人は、あらゆるジャンルで資源《リソース》を備えた人だということになる。個人化の問題性と、不平等［▼58］のそれとを交差してみることは、必要であると思われる。とりわけ、また、個人の地位の上昇に伴って現れる監視と社会統制の新たな形態に留意することも重要と思われる。

58 不平等 Inégalité

職業・社会職業分類の範疇は、社会学者にとって長い間、とりわけ収入や生活条件からさまざまな社会階層の水準を区別し、不平等の大きさを分析するための主要な分析ツールであった。しかし、最近の雇用市場の変化、そして、大量の失業の出現によって、新しい形態の職業的統合や、労働人口における不平等について研究する必要が生じてきた。さらに、社会学者は、世代間の不平等、異なる性差の不平等、民族間の不平等に、より敏感になり、それらの不平等は、しばしば社会的・空間的な不平等と重なり合う。こうしたさまざまな不平等は、分離、差別、スティグマの付与された形で表されるのだが、それらによって、社会的凝集性が揺さぶられ、諸個人や世代間の社会契約が不安定化する状況が確認される。

不平等の社会学は、統計的手法が洗練されたものであっても、それだけで満足するわけにはいかない。不平等の社会学は、不平等の社会的表象、および、その進展について問わなければならない。要するに、不平等の社会学は、今日の社会における不平等について考察する仕方に、大いに留意しなければならないのだ。不平等の表象は、同一の社会の内部にあっても集団によって、また国によっても多様である、不平等は、また、経済、社会、政治の情勢によっても変化する。それゆえ、不平等の社会的構築の重要な諸問題を検討し、不平等の領野が、どのように構築されるかを解明しなければならない。とりわけ、再帰的（内省的）分析、また、範疇（カテゴリー）や範疇のリストを客観化するプロセスを経由する必要がある。社会学的な視座は、また、不平等の社会的調整にも留意しなければならない。一つのまとまりの社会的全体として理解される社会は、いかにして不平等を統合し、また不平等を縮小しようとするのだろうか？　そこで、不平等をめぐって、組織の形態や社会の調整の諸形態について研究しなければならないし、それは、諸社会のグローバルな比較社会学となるだろう。

59　全制的施設 Institution total

全制的施設は、理念型［▼32］の概念であり、アーヴィング・ゴッフマンによって精神科病院について構築されたものであり、その後、五つの施設（刑務所、病院、兵営、困窮者の宿泊施設、僧院）へと拡張された。すなわち、それは、「居住と労働の場であり、そこでは比較的長い期間、多くの諸個人が同じ状況に置かれ、外部の社会から切り離され、収容の生活を共同で送るのであるが、明確にかつ細部にわたって規制される」[66]。あらゆる施設は、そこでの人々の時間と関心の一部を占領するのだが、全制的施設は、極度に人々を囲い込む傾向を具現化し、労働の場、生活の場、余暇の場が混在する時間と空間を造り出す。

ゴッフマンは、閉じ込められた人々、「被収容者」の観点を採用し、病者の状況を忠実に記述しようとする。「それは、必然的に偏った見方を提示することである」[67]。しかし、それは、見方の均衡を回復することになるのである。というのは、「精神障害者に関する専門的な文献はすべて、精神科医の見方を提示している」からである。職員に関する記述で、同情の罠、「被収容者が人間らしくみえる絶えざる危険」[68]について言及して、この姿勢を例証している。

ゴッフマンの著書が成功したのは、施設や制度の批判、一九七〇年代の反精神医学運動に依拠していたからであり、この著書が多元的に読まれることで、全制的施設の概念の近代性が明らかになった[69]。フランス語版において、«total（全体の）»を«totalitaire（全体主義の）»とした理由が、その翻訳書の第一部で述べられているのだが、それは、施設が拘束的であること、施設が外部との交流に対して障壁をつくること、以前の生活との断絶、隠遁生活と通常の生活との断絶を示すための屈辱の技法のことなのだ。

ゴッフマンは、この類型の施設で、とりわけ、あらゆる必要《ニーズ》を全面的に引き受けることについて述べている。その「本質的な特徴は、施設が人間に対して集合的な対応をすることであり、それこそが、あらゆる必要《ニーズ》を引き受ける官僚制的組織体系と適合するのである」[70]。しかし、彼は、被収容者たちの間の社会生活、連帯、抵抗の可能性、隠れた生活の存在について述べている。とりわけ、副次的な適応を通じて、「個人は、確保した手段を活用するか、不正に目的を果たす（あるいは、それら双方ともが同時に可能である）」[71]。施設の支配は、決して全体的までは至らない。被収容者たちは、常に、施設が当然のごとく割り当てる役割や立場から遠ざかることができるのだ。

60 統合 Intégration

統合は、とりわけ多義的な概念であるが、社会学においては、ある社会過程《プロセス》を示している。公的な議論では、統合は、目標である（統合政策）と同時に政治的な課題である（「統合モデルの危機」）。エミール・デュルケムやシカゴ学派の巨匠たち[72]にとって、統合とは、個人が社会のなかに居場所があって、社会化される過程のことである。この過程は、社会体を統御する規範や価値を学習することであるが、家族の媒介、学校、仲間集団を通して達成される。このようにして、デュルケムは、統合を未来の市民をつくることと考えた。

今日、統合という用語の社会的な用法は限定され、移民集団の統合とか、その子どもたちの統合（同化）といった、誤用もされている。用語のこうした受容の仕方において、問題となる社会とは一般的に受け入れる社会である。その場合、統合の拡大された用法では、子どもも青少年も含め、新たに到来する人々に適用されている。古典的に、統合は、継起的な複数の段階に分割される。まず、経済的統合（雇用を得る）、言語の習得、そして文化変容の過程である。すなわち、統合する社会の規範、習慣、価値を修得することが目指されるのだ。

しかし、アレハンドロ・ポルテスの「分節化された同化」[73]についての最近の研究では、過程についての直線的な見方は現実にはあまり適合しないということが明らかにされた[74]。実際、この過程は、多次元的である。すなわち、規範的に統合されることは、必ずしも社会移動を意味しない。たとえば社会移動は、社会的上昇が実際の文化変容がなくても実現するように。これこそが、フランスにおけるさまざまな移民集団についての最近の研究が明らかにしていることである。最近の研究から私たちが学ぶべきことは、統合の過程は受け入れ社会の対応、とりわけ人種への特有の偏見に非常に依存しているということだ[75]。このように考えれば、なぜ、アフリカ系アメリカ人は、いまなお、大変な差別に服従したままであるかが理解できるだろう[76]。これからのラテン系アメリカ人、あるいは、フランスにおけるマグレブやアフリカ諸国からの移民の子どもたちにしても同様である。

61 相互作用 Interaction

相互作用は、広義には互いに影響を及ぼし合うことである。どれほど些細なことであっても、相互作用は実社会を理解するうえで重要だと指摘した最初の人物は、ゲオルグ・ジンメルだった[77]。相互作用は必ずしも実際の対面を必要とせず、回避反応であることもある。いずれにせよ相互作用論で前提とされるのは、人はあたかも他人の視線にさらされているかのように振る舞うということであって、これは相互関係のなかで行動の調整が行われることを暗に意味している。

社会的相互作用は定式化されており、たとえば対等の関係、下位者との関係、上位者との関係、匿名の関係といったものは、その大部分が行動ルールによって秩序化されている。このことによって各人は、期待された役割を果たせるようになり、また、ときに礼儀作法のような価値を帯びる相互作用において、面目を失わずに済むのである。[78] こうした儀礼化によって、発生しうるさまざまな相互作用も、より馴染みのある相互作用に還元できるようになる。

社会学の相互作用論が提示するのは、ミクロ社会学的なレベルにおける相互作用（一見重要ではないような、ごく身近な状況や日常的な人間関係など）、ならびにマクロ社会学的なレベルにおける相互作用（相互作用を条件づけている、社会環境やある特定の時代状況における集団組織的な束縛や、やってもよいことの範囲など）に関する研究である。どちらのレベルも相互作用の発達形成に影響を与えているが、その経過は（慣習やルーチンワークのように）予見可能なものでもあり、また個々の相互作用によって新たな状況が生み出されていくといった点では、部分的に不確かなものでもある。[79]

62 社会的紐帯 Lien social

社会学では、あらゆる人間存在は、その生誕の瞬間から、社会生活によって他者との相互依存関係のなかに置かれることが知られている。そしてまた、社会化のあらゆる段階において、そうした連帯《ソリダリテ》が「ホモ・ソシオロジクス〔社会学的人間〕」とでも呼べるものの土台になることが知られている。つまり、人は他者や社会に対して結びつけられているが、それは人生の偶発事に対峙したときの庇護を保証するためだけではなく、自己のアイデンティティや人としての実存の源泉である〔他者からの〕承認という生の欲求を満たすためでもあるのだ。今日では社会的紐帯の概念は、各社会集団がもつ自己意識と切り離せないものになっており、また一般にこの概念を用いることは、個人主義の進展が避けられないようにみえるこの世界において、それでもなお社会を成立させうるものに対する問いかけの表明と考えられている。自律した個人によって構成される社会は、それでもまだ社会たりうるのだろうか？　もしそうなら、いかにしてか？　社会学の成立期より、社会学者たちはこうした問題に答えようと努めてきた。初期の社会学者たちが試みたのは、人間社会の発展の分析に基づいた説明を取り入れることだった。したがって社会的紐帯の観念は、個人とその所属集団との関係に関する、そしてまた長期にわたる社会変動の条件に関する、歴史的なものの見方と不可分だった。定義上、より伝統的とされている農村社会においては、連帯《ソリダリテ》は主として拡大された家族のレベルで発達する。庇護されるため、そして承認を得るために、個人は家族へと結びつけられ、家族アイデンティティが社会統合の基盤となっていた。だが近代社会においては、承認の制度的モデルが個人化し、人々は集団的特質よりは個人的特質に依拠するようになる。アイデンティティを支えるのは集団そのものではなくなり、むしろ〔その個人が所属する〕並置されたさまざまな集団――あるいは社会的サークル――が、それぞれの個人〔という交差点〕においてユニークな様態で交差しているのである。(80) ここで重要なのは、個人というものが、その人が関連する諸集団よりもさらに目を引くような、自律性をもつものとして位置づけられていく歴史的過程である。ただしこの歴史的過程によって個人は、他者のまなざしが自分に注がれていることを考慮しつつ自己定義することを余儀なくされていった。

63 社会移動 Mobilité sociale

社会移動は、個人あるいは社会集団の、社会的地位や身分の時系列的な変化全般を広く意味しており、これは現代の社会学の中心的研究対象の一つとなっている。社会移動という考え方や語の定義は〔統計調査における〕層化法や社会階級の理論と切り離せない。一般には「世代内移動」と「世代間移動」の区分がなされている。前者がある個人の生涯における状況の変化を描くのに対して、後者は、息子／娘の地位〔終点〕と父／母の地位〔起点〕を対置するといった具合に、ある世代と別の世代との比較に関心を寄せる。そうして、子世代の地位が親世代の地位に比して高い階層レベルにあるか、それとも低くなっているかに応じて、「上昇移動」と「下降移動」が語られることになる。もとより社会移動の諸概念は、主に世代間移動を表すものであり、その測定や分析は非常に多産な研究領域を形成してきた。それはとりわけ親世代と子世代の地位のクロス集計表〔対数線形モデルおよび対数乗法モデル〕の分析に基づいた、複雑な統計技法の使用と相性がよく、これらを用いることで現代社会の社会的流動性やその変化を計測することができる。[81] 移動要因の分析においては、社会構造の変容が引き起こした動きを示すために「構造的移動」〔強制移動〕の概念が、そしてあらゆる構造的変化とかかわりのない動きを示すために「純粋移動」の概念がしばしば引き合いに出されるが、この区別には疑義も多い。

移動に対する標準的なアプローチは、いくつかのお決まりの方法論や規範的な無思考によって支えられており、ここは再考に値するだろう。とりわけ社会移動の研究は、移動〔の容易さ〕を、特にその上昇バリアントにおいて、暗黙のうちに社会的正当性の目安とみなす傾向がある。ただ、移動は普遍的に望ましいものだという公準については、論じ尽くされたとは言いがたい。社会的地位の流動性が低くとも貧富の格差が小さい社会は、社会移動は容易だが地位間の格差が非常に大きい社会に比べ、多少なりとも正当ではなかろうか。[82] また、〔社会職業分類や社会階級といった〕名目上のカテゴリーにおける社会的地位を、世代間で比較することの意義についても疑問の余地がある。それらのカテゴリー自体の意味合いも流動的だからだ。たとえば二〇〇九年からの三十年間は、一九六〇年からの三十年間と等価だと言えるだろうか? こうした理由もあり、何人かの研究者は移動に関して、人的資源〔資本〕を指標とした別の測定法を提示しつつ、実態的な移動の状況とはかなり異なった図表を作成している。[83] このように、社会的地位の変化を統計的に追うだけではなく、移動の軌跡の生きた経験を把握することもまた重要なのである。

64 社会運動 Mouvements sociaux

社会運動は集合的行為の特殊な形態である。これを明示するうえでは、一般に次の三つの判断基準が認められている。まず社会運動は、組織化された個々の行為者たちが、何らかの社会の変化を実現するために、もしくはそれに反対するために、競合相手との闘争的な集合的行為に参加《アンガージュマン》することで出現する。したがってここでは、経済的な問題であれ、政治的、文化的な問題であれ、ある同一の懸案を自分たちの統御下に置こうとする行為者間の対立関係が想定されている。次に社会運動は、戦略と資源を用いいつつ協調・連携した、率先的行動《イニシアチブ》によって特徴づけられる。その基底には濃密でインフォーマルな交流のネットワークがある。そして最後に、社会運動は共通のアイデンティティ［▼56］の形成なくしては存在しえない。同じ動機を共有した参加《アンガージュマン》によって、行為者［▼34］は、自分たちが互いに結びつけられているばかりではなく、より大きな運動に参加していると自己認識できるようになる。

社会運動に関する分析は、社会運動の出現条件に関するもの、結集や動員の過程に関するもの、運動の目的に関するものに大別される。英米圏では伝統的に、個人の参加《アンガージュマン》を決定づける要因、集合的行為を可能にする社会的・政治的・文化的背景、あるいは、資源の可動化による社会運動の戦略的構築といったことへの研究関心が強い。他方でヨーロッパでは伝統的に歴史的研究に中心的地位が与えられており、社会運動と社会の変化との関係性を検討しようとする。アラン・トゥレーヌは後者に与する見地から社会運動に携わっている。社会運動は厳密かつ限定的な方法で定義すれば、研究対象というよりは概念〔ものごとの捉え方〕なのだと。それは、文化モデルをみずからの支配下に置くために戦う社会勢力間の中央争いを想起させる。文化モデルは社会実践に強い影響を与え、そしてまた闘争からの帰結として、その社会の歴史的類型を決定づけるような社会的組織が生まれるからである。

65 規範 Normes

社会学の黎明期以来、その主要な考察対象の一つに、社会規範がどのように内面化されていくかを理解するというものがあった。デュルケムによれば、個人は確かに他者より特別な存在であろうとしうるが、それでもその良心には規範の痕跡が残っており、規範はその人物が身を置いている社会の善や悪をきつく締め付けているという(84)。個人は、(家族、学校、職場といった)社会化〔▼78〕のさまざまな審級を通じて、自分が所属している集団で「正常である」と考えられていることや、逆に「異常である」と考えられていることを、あるいは何がその集団の価値観に適合していて何がそうでないかを、だんだんと自分のなかに組み込んでいく。

近代社会に特有なのは、個々人の意識が、集団の意識を機械的に反映したものではない形で生み出される点である。社会化の過程における不整合、あるいは矛盾に満ちた世界で社会化されたという事実によって、個人は、ときには対立し合っているほど異なった諸規範の集合体のなかで自己意識をもつようになるのだろう。[85] したがって、社会規範に関する研究によって、以下のことが逆に浮き彫りとなる。つまり、これこれの社会は（あるいはその社会のなかで有力なこれこれの集団は）これこれの規範群と強く結びついているといったことを述べるのはもはや重要ではなくなり、むしろ、ある社会において何が「逸脱」と考えられているかを詳しく調べることが肝要となった。異常とみなされるあらゆる振る舞いやアイデンティティは、秩序の存在を思い起こさせ処罰の可能性を想起させるがゆえに、「正常さ」の根拠についての手がかりを与えてくれるのである。[86]

66 組織 Organisation

組織の概念が表しているのは、あるプロジェクトにおいて、限定された範囲内ではあるが比較的長期にわたって、ある社会秩序が機能していることである。官僚制組織に関するウェーバーの分析がなされたあと、初期の組織研究が関心を注いだのは、そうした秩序がみずからの正当性や有効性の根拠を、能力主義の原則によって割り振られ階層化された地位や、目的と手段の分離、機能の分節化、業務の標準化・画一化といったものに見いだしているということだった。[87]

その後の研究では、組織の成員たちも部分的には自律した個人であり、その利害関心や争点の見え方は必ずしも一致していないという公準から出発して、相互作用論［▼61］のように、個々の行為者たちの戦略の間にみられる調整や協力の分析、またそうした相互作用が起こる行為者間の提携や体系的な連携プレーの分析がなされた。したがってここでは、形式的な組織というものは、偶発的な社会秩序の連続体のなかの一つの形相にすぎないことになる。(88) しかしながら、そうした局所的《ローカル》な秩序がどのように安定化し再生産されるかに関する疑問は残っており、ほかの研究では、階層制《ヒエラルキー》から発生する諸規則と、基盤となる組織の自律的様態との間の相互作用から、結合的な調整作用が生み出されているとも言われている。(89)

67 権力 Pouvoir

権力は、個人または集合的な行為者が、ある交流関係を自分に有利な関係性にコントロールする能力を指す。(90) 権力は、属性や所有の問題ではなく、相互作用において発揮されるものである。支配という この関係論的な発想は、ウェーバーの次の古典的な定式化にもはっきりと現れている。『権力』とは、ある社会的関係の内部で抵抗を排してまで自己の意志を貫徹するすべての可能性を意味し、この可能性が何に基づくかは問うところではない」。(91) またパーソンズにおける権力は、貨幣や影響力と並び、行為者［▼34］があらゆる相互作用［▼61］において、みずからの目的達成のために用いる手段の一つとされている。(92)

権力の前提となるのは〔社会的〕資源の不均衡な分配であり、この非対称性は支配の構造に特徴的なものだ。[93] こうした分配の問題に注意が向けられると、〔政治的〕決定権に関する際立った分析が行われるようになった。多元主義の立場[94]からは、多種多様な利害団体の間の権力資源の分配について考察がなされた。仮に提携が可能だったとしても、統合された支配階級のようなものに所属する者は一人も存在しない。すなわち〔政治〕決定システムは多元支配的《ポリアーキー》だというのである。またマルクス主義の立場[95]からは、権力エリートは存在しており、これは支配階級のさまざまな分派の相互貫入として説明できる、との主張がなされた。

他方でフーコーは、権力はどこにでも遍在すると考えていた。[96] それは分化した社会構造に由来しており、不平等でアンバランスな関係性の作用によって行使されるという。多様な力関係は、職場、家族、制度といったもののなかで形成され作動する。したがって権力は下から来る。外部からでも上からでもなく、主体の「内面から」生成する。生権力《せいけんりょく》 bio-pouvoir〔処罰で押さえ込むのではなく、個人がみずから進んで従うよう仕向けるタイプの権力〕の手続き、装置、技法は、生命を包囲して貫き、そうして「規律訓練」的な性格を社会に与えるのだという。

つまるところ、どの考え方による展望を採用した場合でも、権力があるところには抵抗があり、対抗権力があることを、社会学者たちは常に考慮に入れているのである。

68 過程《プロセス》 Processus

社会学者たちは社会生活の不安定に揺れ動く性質にはつねづね注意を払ってきた。とはいえ今日、社会的事実の動態的な分析や、とりわけ個人や集団の辿ってきた〔人生の〕軌跡に、より大きな重要性が見いだされていることは認めざるをえない。こうした過程分析への関心の復活は、少なくとも部分的には、社会的弱者（脆弱性）への意識が高まったことによって説明されうる。（不安定な仕事や職、失業といった）職業的な次元においても、（夫婦間の断絶、連れ子のある再婚といった）家族的次元においても、（流動性、社会的紐帯が弱体化するリスクといった）社会的次元においても、状況の不安定さは実際に増大している。〔戦後フランスの好況期だった〕「黄金の三十年」の頃であれば、人々はそうしたリスクを免れていた（かもしれない）が、いまでは脆弱な人々がますます増えたと言っても過言ではないだろう。このような現状が確認されたことで、社会学者たちも社会の静態的な分析に疑問を抱くようになった。たとえば貧困問題であれば、これは経済的困難であると同時に人間関係上の困難でもあるような、複合的次元の困難さが積み重なっていく過程の問題として研究されるようになった。より一般的なところでは、観察調査が縦断的〔継時的〕データに依拠するようになってからというもの、若者、高齢者、移民、何々の業種の賃金労働者、失業者、障害者といった、多岐にわたる社会集団に対する見方が変化した。縦断的データによって、ある人が辿ってきた足跡や人生行路をなぞり、人生の分岐点や急変が生じたポイントを割り出すことが可能になったからだ。この種の分析では、個々の人生行路の特殊性が強調されることも多いのだが、ただそれでも社会学的な研究である以上は、個別のケースの深い分析を超えたところで、観察された規則性の分析を通じて、そうした過程にまつわる社会的要因が探究されなくてはならない。

69 職業 Profession

社会学で職業という語が何を指しているかを定義したければ、日常語におけるこの言葉の多義性のみならず、英語圏での限定的な使われ方とも距離を置かなくてはならない。

イギリスやアメリカでの「プロフェッション *profession*」〔専門職、その道の「プロ」〕とは、その成員が特別な権利をもつと考えられているような活動を指す。その根拠となるのは、専門的な知識や技能に加え、たとえば自己制御、職業訓練上の監督権、合法的独占などにかかわる倫理的な掟〔コード〕の遵守といったものである。歴史的には、プロフェッションと呼ばれたのは医者、法律家、神学者だった。その他の職は「オキュペーション *occupation*」〔生計を立てる仕事〕と呼ばれ、自律性、特権性、また収入面でも、プロフェッションより下位に置かれていた。

一九二〇年代から六〇年代にかけて、機能主義を信奉する〔アメリカの〕社会学者たちは——そのうち最も有名なのはパーソンズ[97]だが——プロフェッションに関する典型的な一連の判断基準を取り出そうと努めるようになり〔それまでは論者によって判断基準が異なっていた〕、なかでも象徴的とされたのは医師たちだった。機能主義者たちはほかにも、かつて「オキュペーション」だった職業身分が

「プロフェッション」になっていく変遷の様子、すなわち「プロフェッショナル化」の過程にも関心を抱いていた。

他方でエヴェレット・ヒューズ[98]は、こうした序列化を否定している。彼はプロフェッションという言葉を警戒し、機能主義者たちがみずから「社会的修辞法」の罠に陥っていると考えた。つまり、機能主義者たちは、プロ集団の活動が共同体〔社会〕に不可欠かつ無私無欲な貢献をなしていると考え、そのことを示そうと躍起になったが、かえって彼（女）らの特権の正当性を見直させることになったというのである。ヒューズはほかにも、職の比較研究が問題発見的な利点をもつことを明らかにし、「気取ったプロフェッション」の社会学と同程度に「つつましやかな仕事」の社会学を擁護した。シカゴ大学でのヒューズの弟子たちは、そのようにして、ジャズミュージシャン、アパート管理人、タクシー運転手、毛皮職人、葬儀の請負業者といった業種にも研究関心を抱くようになった。

第三の立場は、機能主義の本質論的な考え方と相互行為論の批判論的な考え方との中間で、いくつかの職業によって満たされる仕事の特殊性を認めようというものだ。この点では、今日しばしば危機にさらされているプロフェッションの自律性は擁護されうる[99]。

さて、この英語の「プロフェッション *profession*」という語をフランス語に訳そうとするときに、よく使われるのは「〔地位が〕確立された職業 professions établies」という表現である。フランスの社会学では、職業は長い間、周縁的な研究対象だったが〔その分、労働の、とりわけ労働者の仕事に関する社会学や組織に関する社会学は発達してきた〕、特にここ最近の二十年間で活気ある研究分野となった。

枠組みとしてはやや狭すぎる英語圏の「プロフェッション」モデルを退けて、また相互作用論の強い影響を受けながら、「職業集団の社会学[100]」が発達してきたのである。

70 互酬性 Réciprocité

日常生活での交流について研究する際、社会学者も人類学者と同じくしばしば互酬性の概念から出発するが、その拠りどころとなるのはマルセル・モースの有名な『贈与論』(一九二五)である[101]。デュルケムの甥にあたるモースは、贈る・受け取る・お返しするという三つの次元からなる交換のサイクルが、全体的社会的事実 fait social total〔法や経済などの個別領域に還元して説明することができないもの〕としての贈与によって特徴づけられると考えた。実際にはこの三つの次元は一種の複合体にまとめられ、そのなかでそれぞれが操作的に定義されるのだが。モースにとってこれらの次元は、どれもほかの二つとの関係性のなかでのみ存在する。この意味で贈与は一つの〔構造主義的な意味での〕構造である。言い換えると、贈与が可能となるためには、またそれを絶やさぬ過程がある程度持続するためには、贈与が何らかの交換と一致しており、贈り主と受け手がその交換において相互にかかわり合っている必要がある。これはつまり、負債が受け手の側だけではなく、贈り主の側にも発生するということだ。なぜなら贈り主は、彼(女)の最初の振る舞いが向けられた者の側から、いつか返礼を受け取らねばならないだろうからである。モースはこの構造について次のように説明している。「物を与え、それを返すのは、『敬意』――『礼儀』とも言える――が与えられ返されるからである。しかしまた物を与えるときに人はみずからを与え、みずからを与えるとすれば、それは自分と自分の財産を他人に『負っている』からである」〔モース『贈与論』、邦訳書、二〇〇九年、一一四頁〕。出版から九十年以上経っても、この書物は社会科学において議論を尽きることなく醸成し続け、数々の調査を生み出している。

71 （社会的）調整《レギュラシオン》 Régulation

社会規範について研究する社会学者たちは、しばしば（社会的）調整《レギュラシオン》の概念に言及する。そこで重要なのは、ある社会において法や規範によりどういった調整が行われているかについて研究することである。デュルケムもこの概念に大きな重要性を認め、（社会的）統合〔▼60〕の概念と対置させていた。この二つの概念は彼の多くの著作においても、社会的紐帯の主要な基盤とされている。『道徳教育論』[102]――これは一九〇二年から〇三年にかけてソルボンヌ大学で行われた、デュルケムの最初の教育科学講義に相当しているが――のなかで際立っているのは、規律の精神と社会集団への愛着という、道徳性の二つの要素について力説されている点だろう。前者は（社会的）調整に、後者は統合に対応している。ある人々にとって支配的なのは規則の感覚である。彼（女）らは躊躇せず確信をもってこれに従い、完全に理性的にその義務をまっとうする。「その性格は、自己に立ち向かう克己力そある人々にとって道徳的行動の原則となるのは、喜んで犠牲となること、みずからを捧げること〔自己献身〕、他者貢献といったものだったりする。「彼らは、愛着し、身を捧げることに没頭する。彼らは愛情の人であり、惜しみなく与えて顧みない、熱き魂の持ち主であるが、反面、彼らの活動は、規則のいいなりには仲々なろうとしない」〔同書、一八四頁〕。つまるところ、前者は義務を実践することで、自己に対する権威をもつ。これに対して後者は、おそらくより熱心な人々だが、社会との一体感のなかで創造的なエネルギーを発揮する。とはいえデュルケムは、この区別は単に個人的なタイプの違いにとどまらないとして、道徳性のこの二つの要素は社会を構成するものでもあり、一方が支配的なこともあれば他方が支配的なこともあると強調していた。そして彼は、秩序がおのずと大半の人に課されるような社会の均衡期・円熟期と、規律の精神がその道徳的効力を保持できなくなる社会の過渡期・変動期を区別した。規則の実効性が動揺するこの後者の時期には、何らかの理想の必要性が感じ取られ、そうして献身と犠牲の精神が典型的な道徳の原動力となり、社会的紐帯〔▼62〕の最適な基盤になるという。デュルケムは、したがって規則の尊重と変化への柔軟な適応を両立するには、幼少期より形成されるべき道徳の要素である、規律の精神と集団への愛着を奨励するのが理にかなっていると述べた。

72 （代理）表象 Représentations

動詞としての「表象する《ルプレザンテ》 représenter」は、不在である客体または主体を出現させる《プレザンテ》ことを意味する。したがって、この言葉が初め芸術分野、特に絵画において用いられたのは偶然ではない。ただしほかの意味もあり、たとえば政治分野で国会〔議員〕を「国民の代表《ルプレザンタシオン》 Représentation」と呼ぶときには、[103] それが〔理屈上は〕国民の声を体現する機能をもつと考えられているのである。もとより、この種の「代理表象的《ルプレザンタティフ》」な民主主義〔代表制〕は、常に「映し鏡としての代理表象 représentation-miroir」の問題に直面してきた。[104] これはつまり、選挙で選ばれた者は、ジェンダー、社会的出自、ひいては民族的出自といったものについてまで、選んだ人々のことをよりよく代表していて欲しい〔たとえば、貧困問題について訴える議員は貧困層出身であって欲しい〕という願望のことである。

社会学での表象は、それによって行為者がみずからを取り巻く世界を読み解くことができるようになるような、知的構築物のことを指している。たとえば「フランス」は、地理的実体をもった現実であるばかりでなく、ベネディクト・アンダーソンが「想像の共同体」と呼んだような、社会的特性を備えた構築物でもあるのだ。それ〔フランス〕は一つの表象として、人々に共有されているのである。

社会的事実の世界と表象の世界を切り離そうとする人もいる。事実、表象はしばしば社会的現実の主観化された見方を想起させるが、これはそうした価値観や規範を身につけている人にはそう見えるということにすぎない。それでもやはり、表象が、人々の人生や人々が持ちうる相互作用〔▼61〕に影響力をもつことには変わりないのである。たとえば、人種というものが存在するという考えは、一つの構築物であり、遺伝学によってその非科学的性格が証明されている。それでもこの考えは、表象であり先入観である限りにおいて、（差別という形で）人々に影響を与えたりする。ゴードン・オルポート(105)のような何人かの社会心理学者は、先入観は人間の知能に深く根を下ろしており、克服するのは非常に困難だと論証していた。それは人間の知能が事物や集団の範疇《カテゴリー》化を必要としたため、つまりそれらに固有の多様性に対して、認知的単純化に基づく表象がなされる必要があったためだという。

73 再生産 Reproduction

社会的再生産とは、資本、権力、特権といったものが世代間で移譲されること、つまりは社会的階層の維持を指している。再生産のメカニズムは、遺産相続だけでは十分に説明できない。こうしてピエール・ブルデューとジャン＝クロード・パスロンは、支配的階級がかねてからの世襲財産を維持向上すべく用いる戦略において、文化的あるいは象徴的な要因も一定の地位を占めていることを示した(106)。

社会的再生産にはいくつものツールが存在しており、それらは異なる再生産様式に対応している。家族的な再生産様式においては、財産の移譲を統制《コントロール》するのは家族である。そうして再生産の戦略は、たとえば、子どもの数を制限する出生統制《コントロール》、「ふさわしい」遺産相続者を育てるための厳しい家庭教育、相続戦略、身分の低い者との婚姻を避ける結婚戦略といったものを仲介とする。また、学校部門の再生産様式が一般に普及したことで、学歴は、支配的な社会的地位が再生産されるための必須条件としてますます重視されるようになった。高等専門学校《グランゼコール》は、庶民階級の子を統計学的に排除し、最高級の出世コースに近づくことのできる上層階級の子を統計学的に選別することで、以前から存在した諸集団間の社会的格差を再生産している。したがって社会階層の再生産は、社会秩序とそれを正当化する原理の再生産でもあるのだ。というのも、学歴格差へと変換された社会的格差は、素質や「才能」の違いのせいにされてしまうからである。学校制度が社会構造の再生産に貢献すればするほど、それが果たしている機能は一層うまく隠されていく[107]。

社会的再生産は、ある種の社会移動［▼63］と相反するものではない。逆に個人の移動が、確立された秩序の安定性を保証することもある。限られた数の個人の統制《コントロール》された選抜がなされることで、その人は個人的昇級によって変容させられ、彼（女）を昇進させたシステムに賛同するようになる。そのことが、再生産のツールや諸集団間にある支配関係を強化・正当化するのである。

74　ネットワーク Réseau

最近では「社会的《ソーシャル》ネットワーク」の概念は、フェイスブック *Facebook* やマイスペース *MySpace* といった仮想コミュニティの世界的ヒットにより流行を迎えている。とはいえ社会科学におけるこのネットワーク概念の使用は、実際にはかなり古い[108]。イギリスの人類学者ジョン・バーンズ[109]は、おそらく体系的にこの概念を用いた最初の人である。それは彼が一九五〇年代に研究していた、ノルウェーの小さな島での特異な社会階層形態を記述するためだった。事実、ネットワークの概念によって、その基底にある社会関係の変化しやすい諸構造の、複雑で開放的で多面的なもつれあいが説明可能となった。バーンズはこうして、その島のすべての住民が、それればかりかノルウェーのそして地球上のあらゆる住民が、相互的な面識の大なり小なり長い連鎖により結ばれているとの直観を得たのだった。その十年後、アメリカの心理学者スタンレー・ミルグラムは、彼の有名な「スモール・ワールド」実験によって、アメリカ合衆国では知り合いの連鎖を通じてすべての人が相互につながっており、それは平均して「六次の隔たり」〔知人の知人のそのまた知人の、というように平均六回辿っていけば、あらゆる人に到達できるという理論〕で成り立っていると指摘した。

とりわけ図表化や行列計算の理論のような数学的定式化の貢献もあり、やがて社会的ネットワーク分析は、社会科学の内部でまさに一つの潮流をなすまでに発展した。[110] 仮に関連データの資料体《コーパス》が作成困難な場合でも、それはしばしば鮮やかな図示によって、関係性の構造が視覚化される可能性を示した。特に、個人の構造的特性（ある個人がネットワーク上で中心的役割を果たしている度合い、自律性、研究サンプルのうち多数の個人間の関係において仲介役になりうる能力など）や、諸個人の関係が形成する構造の特性（密度、連結度、中央集権化、階層化、闘争性の度合いなど）を、動態的な方法と同じく静態的なやり方でも計測できる可能性を示したのである。[111]

75 役割 Rôle

社会心理学の生みの親であり、象徴的相互作用論の先駆者でもあったジョージ・H・ミードは、彼の社会化理論の中心に「役割」概念を据えていた[112]。たとえば遊んでいる子どもは、自分の行動を周囲の子たちの行動に合わせながら、集団のルールを体験し身につけていく。そうしてその子は、他者の振る舞いを模倣によって内面化し（役割取得 *role taking*）、自分自身のための役割の集合体を練り上げることで、遊技のなかにおける、ひいては社会生活のなかにおける自分の立ち位置を、だんだんと見つけていくことができるようになるのである。「役割」概念はこのように、適応の連続によって個人が社会構造へと関連づけられていく様子を説明可能にする。

ロバート・リントンはこの理論を敷衍して、各個人は、他者が彼（女）の「地位 *status*」（年齢、性別、社会的出自、職業など）に期待する役割を演じると述べた[113]。このように各人の役割は常に他者との相互作用によって規定されていく。ただし、こうした規定は多重的であることもある。アーヴィング・ゴッフマンによれば、ある個人の社会的地位がはっきりしている場合であっても、その人物が必ずしも周囲の期待どおりに振る舞わないことはしばしばみられるという[114]。すなわち、その公式な役割に合わせて行動しないことで、自己のパーソナリティの別の側面を見せようとするのである（役割距離 *role distance*）。

76 分断 Ségrégation

分断の概念は、都市問題との関連において最もよく用いられる。その眼目は、都市における空間的〔場所による〕格差の大小を測ること、またそれによって、ある区域が飛び地のように周囲から孤立するリスクを際立たせて描出することにある。ただしこの概念の空間的側面は、実際には〔地位や生活条件の格差という意味では〕社会的側面、〔移民や外国生まれのフランス人に対する差別という形式を取る意味では〕民族的側面、そしてまた学校教育的な側面とも一致している〔何年も前から都市政策の関心事となっている分断は、学校ではありふれた問題となった〕。二〇〇五年の末にフランスで勃発した暴力と火災を伴う郊外危機〔二〇〇五年パリ郊外暴動事件〕は、その規模の大きさと過激さで全世界を驚かせた。このことは少なくとも二十年前から、深刻な不安《マレーズ》がくすぶり続けていたことを想起させる。

人々はもちろんこのことの説明を試みた。最初それは経済状況によるもの、とりわけ賃金社会の危機として説明された。これら郊外の若者たちは失業状態にあり、貧困の著しい家庭に暮らしていたからだ。そうした区域へと貧窮が集中すれば、スティグマ〔▼80〕が再強化され、そこに住む人々に重くのしかかる。すなわち問題は、社会的かつ空間的な信用失墜の過程なのだと考えられた。しかし、貧困がこうした点で空間に結びつけられたとしても、それが先ほどの不安《マレーズ》の唯一の説明要因だったかどうかは不明瞭である。さらに考慮に入れるべきは、移民とその子孫に対しては〔平等な社会成員として受け入れるという〕約束を守らなかった社会的統合モデルに対する反感やフラストレーションである。

ポスト植民地時代の社会における連帯《ソリダリテ》について、どのように再考したらよいのだろうか。人種差別は消滅したとはとても言えないが、このことは、移民やその子孫を統合する国家の許容力に疑問が付されていることの表れであり、また同時に、国民を形成するさまざまな構成要素の間の緊張が、ますます表に出てくるようになったことを意味しているのではなかろうか？

77 状況（の定義） Situation, définition de la

状況という用語は、初期のアメリカの社会学者たちの著作にかなり頻繁に繰り返し現れる。たとえば、パーク、バージェス、トマス、ズナニエツキ、アンダーソンらは、「社会」全体のことよりも、特定の文脈における具体的特性を備えた人々に強い関心を抱いていた。

こうした人々の行動をどうやって理解したらよいだろうか？ 刺激に対して反応しているとは限らず、人によっても違いが出る。同じ条件下に置かれた場合でさえ、同じ行動にはならなかったりする。要するに人々は、自分が置かれている状況はこうだという理解に基づいて動くのであり、これをウィリアム・I・トマスは「状況の定義」と名づけたのである(115)。ある同じ状況であっても、それを「危険だ」と考える人と「心地よい」と考える人とでは、行動は同じにはならないだろう。

こうした状況の定義への注意や関心は、明示されていなくとも、アーヴィング・ゴッフマンを始めとする多くの相互作用論者の社会学者たちの著作にも見受けられる。

78 社会化 Socialisation

社会化は、文化が伝播する仕組みのことを指すと同時に、個人がこの伝播を受け入れて、社会生活の機能の仕方を決定づけている価値観、規範、役割といったものを内面化していく様式のことを指している。

「明白な」社会化は、他者のパーソナリティの構造化を目指す意図的で明示的な過程と同一視されうるだろう。「隠れた」社会化はむしろ、子どもが自分の生きている社会の価値規範を、特段の入門期間もなく、またそこに参加しているという実感もなしに内面化していく過程に相当している。ジョージ・H・ミードによれば、この隠れた社会化の過程［▼68］は、「重要な他者」〔親や教師など、子どもに強い影響を与える具体的な他者〕との出会いにより、次いで「一般化された他者」〔複数の他者との出会いを通じて、社会規範への適合的態度が「大人たち」全般の態度として一般化・抽象化されていったもの〕と直面することによって行われることになる[116]。

社会化は、個人の全生涯にかかわる継続的過程として考えられるべきだろう。古典的には、第一次的社会化と第二次的社会化が区別されていた[117]。第一次的社会化は子ども時代にまつわるものである。この過程はまず、その主要な審級である家族のなかで行われる。つまり家族の行動は、社会的アイデンティティの形成にとって決定的に重要なのだ。第一次的社会化のもう一つの重要な審級は学校である。たとえばデュルケムによれば、そうして大人世代が子ども世代に対して体系的な社会化を行うことで、社会の共通基盤をなしている価値規範を植えつけることが可能になるという[118]。子どもはまた仲間集団を通じて、よりインフォーマルな方法でも社会化される。第二次的社会化は、第一次的社会化で獲得されたものを基盤としており、それらを延長したり、場合によっては変容させたりする。これにより、大人は（職場、組合、政党といった）特定の集団へと自己を統合することができる。各個人はそのようにして、生涯を通じて獲得することになるであろうさまざまな社会的役割や地位へと社会化されるのだ。したがって社会化は、確かに子ども時代において特に強く行われるものの、完成を迎えることは決してない。その結果は暫定的なもので、常に再検討の対象となりうるのである。

79 連帯 Solidarité

連帯の概念は、最も初期の社会学用語の一つである。デュルケムは近代社会の発展を分析するうえで、「機械的連帯」と「有機的連帯」の区別に依拠していた[119]。機械的連帯は、伝統的社会の内部で社会的紐帯を打ち立てるが、これは主に集団の成員や役目が類似していることから派生する。デュルケムは、社会的機能の専門化と多様化が進むにつれて、有機的連帯がこの機械的連帯に取って代わると考えた。有機的連帯は逆に仕事の分化を基盤としており、この分化が個人を社会的な相互依存関係へと組み込んでいく。言い換えると近代社会では、集団の成員は確かに専門化されているが、相補的でもあるということだ。

より最近の社会学的研究では、連帯概念は紐帯概念と密接に絡み合い、家族の、世代間の、社会の、市民の連帯などといったような、さまざまな形態にも対応できるようになっている。多義的なこの概念は公的討論の用語にもなり、社会学的観点からは脱構築を求められた。これは単に連帯実践の解釈や多岐にわたるデモ活動に資するためではなく、連帯の根幹にかかわることでもあった。すなわち連帯実践がその一環をなすような、交換形式や互酬性［▼70］の論理に資するためでもあった。そうして脱構築された連帯という用語は、社会モデルの比較研究における主要な概念ツールとなった。これにより、行政地域や社会のさまざまなレベルにおいて、連帯の形態の変わりやすさや、現代社会の内部で連帯の諸形態が相互連結する仕組みの分析が可能になる。

80
スティグマ Stigmate

スティグマ（語源的には皮膚に残る刻印）を社会学の概念に仕立てたのはアーヴィング・ゴッフマンである。これは、身体的なものであれそうでないものであれ、社会的評価を低下させるあらゆる徴《しるし》を指しており、たとえば障害者、同性愛、ユダヤ人などがそれにあたる。ただ、スティグマはそれ自体で徴となるわけではなく、他者のまなざしによって規定される。それが想起させるのは規範からの逸脱であり、「正常」と考えられている人に期待されるものに適合しないすべての人は、スティグマ化される可能性をもつ。したがってスティグマは関係論的な用語でもって分析される。スティグマはまたそうした範疇のことを――厳密に言えば、そこで引き起こされる社会的反応や、またそれを避けるためスティグマ化された人々が行う努力のことを――指してもいる。

ゴッフマンはこうして、「彼の特異性がただちに顕わにならず、またあらかじめ人に知られてもいない場合、すなわち信頼をまだ失ってはいないが、信頼を失う事情をもっている人である場合」[120]、その人物ができる限りのあらゆるアイデンティティ交渉を行うことに気づいた。つまり、スティグマ化される恐れのある人物は、（隠す、だれかに話す、秘密を明かすなど）みずからのスティグマに関する情報をコントロールしようと努める。スティグマ化された人物は、（周囲からの気まずい反応に直面しているものとして自分を想像するなど）社会的な規範と個人的な現実との間の緊張に対処しなくてはならなくなる。一般に、その人物は自分がスティグマに還元されてみられていると感じる。つまり自分のすべての行動がこのプリズムを通して解釈されていると感じる。その時点で彼（女）は、正常な人々から切り離されるのである。

81 戦略 Stratégie

戦略の概念は複数の社会学的潮流で用いられるが、行為者［▼34］の合理性に関する見方は対立している。合理的選択理論で前提に置かれているのは、利害関心に基づいて動き、うまくコーディネートされた行動計画を練り、なされた選択の予想結果を算定できるような行為者の存在である。この理論は経済学的モデルの影響を受けつつも、信念や価値観により重要な地位を与えることで、経済学とは一線を画そうとする[121]。

他方で組織行為論の社会学者たちは、行為戦略というものも、行為者の振る舞いのなかに見つかる規則性から事後的に推論されるにすぎないと考える。行為者は計算を行うかもしれないが、制限された合理性の枠組みのなかでそれを行っている。つまり行為者が目指すのは、複数の目標を両立できるような、また情報探索やほかの選択肢の検討に伴うコストを削減できるような最適化というよりは、むしろ欲求充足であるという。このアプローチはまた、行為選択の偶然的性格や、ほかの行為者たちの動きとの関連性においてしか解釈できない相互的性格についても強調している[122]。

そのほかの、より決定論的な性質をもつアプローチでは、合理的行為の領域はさらに狭められ、社会化の初期の経験に重きが置かれたりする。そうした経験が、持続的で転換可能な性向の体系の発端にあり、選択の自由や行為者の意識レベルを強く制限しているというのである[123]。

82 社会階層 Stratification sociale

社会階層が意味するのは、人間社会が、それぞれの内部にいくらかの同質性がみられるようなヒエラルキー化された範疇《カテゴリー》へと分割されるということだが、これは財産、権力、権威、知識といったもののの不平等にまつわる、一連の社会的格差に起因している。社会階層の理論的定義や表象はさまざまであり、これは（収入、権威、教育レベルなどの）不平等が尺度的な用語で記述されていた、古典的な「段階的変化《グラデーション》」図式とは相反している。また、社会階級の全体図に類似した「依存」図式とも異なっている。後者の図式においては、不平等は集団間の異質性と結びつけて考えられており、その集団同士は互酬的または一方的な相互依存関係によって結合しているとされた[124]。階層のさまざまな理論的表象はまた、それらが多かれ少なかれ非常に複合的な諸次元から発生するという点でも〔古典的理論から〕区別される。伝統的な表象が、（収入、世襲財産のような）経済的序列という判断基準にはっきりと偏っており一次元的だとするならば、現代的な社会階層理論は、不平等の複合次元的な性質を強調する。そしてとりわけ階層の経済的次元と文化的次元を連結させながら、尺度よりは社会空間的な用語の表象を用いる。階層の具体的な諸体系が複合次元的であることによって、社会空間を構成するさまざまな尺度上で、地位の高さが一致しない可能性が見いだされたのである[125]。社会階層は、正式に学問的な研究領域でありつつも、政治に対する態度の社会階層、あるいは文化、食事、家族、結婚といったものに対する態度の社会階層といったように、ほかの諸現象の今日的な解釈の鍵にもなっている。

第四章　社会的属性

83　年齢 Âge

年齢とは、老いゆく身体の生物学的特徴であるとともに、社会に生きる人間に特有の社会的特徴である。年齢はモダリティ（様式）の一つであり、個人はそれに従って、生涯を通して頻繁に再集合化する。ある「生活上の年齢」には、支配的に占有する懸念（心配事）があって、それは近しい年齢あるいは同年代の個人によって共有されている。たとえば、幼児期における教育、成人期においての仕事、壮年期以降だと病気や療養などである。したがって社会学では、「ライフサイクル」と呼ばれる、すべての人間にとってほぼ同一の順序に倣って、個人が人生を通じて新たな活動に入る契機《モメント》の連続性を区別する。それらは、学校の入学制度やセクシャリティのはじまり、就職、経済的自立、夫婦（カップル）、母性／父性、不活発性のはじまり（初老期、更年期）などで特徴づけられる。それぞれの新たな段階で生じる心配事の変化は、生物学的年齢は異なっていても、このサイクルの同じ契機に位置する個人によって共有される。こうした年齢階級の変化の大部分は、以前のグループからの離脱と、新たなグループへの入会に付随する通過儀礼によって特徴づけられる。毎度のように、社会は、以前のグループに対する権力や権利、義務の関係性を構築する。それにより社会学者は、社会環境や時代によって、この形態がさまざまに変化する年齢グループ間の関係性を考慮に入れるべく、「年齢の社会関係」について語るようになる。

最後に、社会的年齢が生物学的年齢と区別されるのは、同じ時期に生まれた個人によって、時代を通じて遭遇する歴史的出来事を考慮に入れようとするときである。それは、社会的人格によって、また別の構造的な経験を経てきたほかの「世代」の個人とは区別されるのだ。

84 社会階級 Classes sociales

社会階級の研究は、多様な概念をあらわにするが、それらは社会的事実を分析する適切な単位として、個人よりも集団を優先させる。階級はまた、分析を範疇《カテゴリー》化するツールとして、社会生活や、社会の具体的な政治的生活の一要素も構成している。したがって階級とは、しばしば、理論的基準（クライテリア）に基づいた客観的要素や、個人の帰属感やその集団的行動力や動員能力といった主観的次元と関連する。

社会階級のマルクス主義理論は、最もよく知られた階級図式である。この理論では、労働者階級（プロレタリアート）と資本家階級（ブルジョワジー）とが区別され、前者の労働が、後者の生産手段の特性の所有者（資本）によって搾取されるという関係性によって両者は結びつけられている。この図式は、その後、マルクス自身や、マルクスの理論的遺産を引き継いでいると自認する現代の理論家たちによって何度も洗練されてきた。それらは特に、階級の数や資源《リソース》の本質（経済的、文化的、技術的）に注がれて、それを統制することが生産関係の構造を調整している[1]。

だが、マルクス主義理論は、ほかの理論的伝統とも並立する。そうしてマックス・ウェーバーは、社会生活を構造化する集団の多様性を強調する。集団のなかで階級は一要素にすぎず、分配や収入や財産の様式の機能であり、そのほかの区別（威信や権力）の基準とともに併存する。特に、社会における階級の構造化は、搾取というマルクス主義理論と不可分の対立関係には立脚していない。搾取の名で呼ばれてはいるが、実際の階級は、客観的にも主観的にも、利害の対立が存在することによって成立しており、その認識が、階級のアイデンティティの構築や集団的活動を条件づけている。この観点からみると、ウェーバー的展望は、社会階級の客観的次元に限定されており、（社会階級）それ自体によって経験されて意識化された共同体と混じり合っていない。最も人気のある現代的な階級図式の一つは、エリクソンやゴールドソープ、ポルトカレッロら[2]によるものである。こちらもきわめて明瞭に、この〔ウェーバー的〕伝統に依拠しており、ヨーロッパの社会職業分類の用語体系（ヨーロッパ社会経済分類 *European Socioeconomic Classification*）の洗練に関する考察に対して、非常に強い影響を与えている。この図式によると、社会階級の構造化は、主として雇用関係の形態の専門分化に基づいている。そこでは、活動実践が仕事契約の枠組みに厳密に従属している労働者と、第一にサービス

（奉仕）関係を通じて注文をもたらす顧客とつながっている働き手（労働者）とが対置される。後者は、より幅広い自律性が保証され、ハイレベルで類いまれな能力（コンペタンス）に立脚する。デュルケム的な示唆を受けた別の伝統では、対立的な次元は何もみられないが、その反面、階級アイデンティティの主体化に支配的地位を認め、仕事（労働）の分業の形態に結びついた集合意識の状態を基盤とする。フランスにおいて、国立統計経済研究所（INSEE）の統計学者たちによって練り上げられた職業・社会職業分類の用語体系は、以下のような理論的カテゴリー（範疇）化が混在したものに依拠している。そこでは、資格や職業地位、収入レベル、活動区域、社会生活の自然発生的なカテゴリー化といった諸基準が、積み重なって混在している。こうしたカテゴリー化は、とりわけ国家や賃金労働者の組合、経営組織との間での慣習的関係のなかで発展する。(3) カテゴリー化は、こうした抽象的カテゴリーの名目（唯名）論と土着カテゴリー的現実主義との融和を目指す。仕事や職業の詳細なリストを連続的に接ぎ合わせ、六種の公認された職業別社会グループとして構築することで、具体的な社会集団が融合するレベルの多様性について考慮できるようになる。

85 職（雇用）Emploi

「職（雇用）」という用語は、「労働（仕事）travail」とは区別して理解される。職は、仕事の社会的分業のなかでの活動を達成することに関連した社会的地位や、個人を社会における位置に固定させる社会保障のことを指す。その点でいうと、職は、社会的地位や仕事の公式な調整のことを指すのに対して、労働という用語は、個人によって実施される具体的活動に該当し、そうした活動が非公式に行われることもある。雇用（職）は、労働の分化した調整に相応して、さまざまな形態を取りうる。有期労働契約、無期労働契約、パートタイム、などである。

地位としてみると、職は社会保障の総体によって特徴づけられる。それは一方では、被雇用者（賃金労働者）の雇用者側の権力への従属性に制限をかける。そして他方では、雇用に従事することが一時的にできなくなった場合でも、仕事の社会的分業における位置づけと関連した社会的地位を維持できるようにする。

労働権と社会保障は、したがって、職と労働（雇用と仕事）とを区別する二つの要素である。こうした社会権は、単なる労働活動に還元できない社会的地位を構成する。こうした保障は、決して永続的なものではない。それらは、第二次世界大戦後の西洋諸国に福祉国家の基盤が整えられて、一般化した適用が見つかるまで、二十世紀の転換期において徐々に考案されていった。

雇用の地位が築き上げられたことに応じて、非雇用者（無職）という地位が創出されたのかもしれない。実際に「失業 chômage」とは、社会保障の理論的基盤が練り上げられた時期、つまりは、そのほかの社会学的概念とほとんど同じく二十世紀の転換期に、雇用の反対概念として考案された。

最後に、職は地位に相応することから、承認された制度的ヒエラルキーの一環をなす。フランスでは、職業・社会職業分類は、職の用語体系［▼27］を構成する。職とはしたがって、産業社会における個人の階級やヒエラルキーの根本的要素を成している。

86　家族 Famille

エミール・デュルケムは、一八八八年以降、教鞭をとっていたボルドー大学文学部の社会科学講座のなかで、家族社会学の入門講義を行った。一八九二年には、自身の読解を精錬させて、夫と妻、未成年で独身の子どものみからなる「夫婦家族 famille conjugale」〔婚姻家族、conjugal は「カップル」という意味もある〕についての講義を新たに始めた。[4] デュルケムは、当初から、来るべき社会学的研究における指標を提示して、二つの分析の水準を区別している。一方は、人間と福祉のレベル、もう一方は、制度、とりわけ国家の役割のレベルである。なぜなら、彼自身が述べているとおり、「家族とは、法律上と同時に道徳上の制度である限りにおいてのみ存在する」からだ。

つまりは、家族が、いったいどの程度まで、専門科学の研究の主要な対象または分野《シャン》の一つでありえるのか、ということだ。社会科学における研究の分化が、少しずつ、この根本概念の応対を複雑化〔錯綜〕させている。親族や姻戚関係のシステムの分析が、しだいに人類学に帰属するようになると、社会学は、婚姻家族や家事に関する研究に取り組むようになっている。家族問題へのアプローチの革新は、一九六〇年代から七〇年代のフェミニズム研究による「核家族 famille nucléaire」モデル[5]に向けられた批判まで待たなくてはならない。

この半世紀を通じて家庭生活に生じた変容は、この（社会学という）専門科目における創設的な研究分野に刺激を与えるという貢献をした。こうした家族の変化を社会学的に読解する際のすべての関心は、正確に言うと、家庭生活を、社会や社会そのものの緊張や変動の鏡として考察することにある。実際に、仕事や雇用、消費の面や、世代間や性差、国家との関係性、それにケアや保護の必要性に対してなされる変化の大部分は、家庭生活に反響する。家族とは、社会学という専門科目にとって永続的な作業場なのだ。

87 **国家、国籍** Nation, nationalité

二つの側面について強調すべきである。一つ目は、歴史と関連する側面である。国家的な伝統が構築、さらには考案されたのは、二十世紀よりも数世紀前からである。その頃に、安定して永続的な中央権力を備えた国家が統一された。第一次世界大戦後ほどなく、マルセル・モースは、国家をグローバルな現象と捉える最初の社会学を試みる。政治的機構や言語、経済や宗教的側面に同時に関心をもち、国籍保有者の自国への愛着や情緒的共鳴（市民権を行使する場、祖国として知覚される）について理解しようとする。

二つ目の側面は、比較社会学とつながる。国民国家 L'État-nation が、比較するうえでの比較単位、背景または台座として役立った。デュルケムは、そのようにして十九世紀末に、自殺率は国ごとに異なっており、短期的にみると、国ごとに特有であることを見いだした。〔ある国の〕所属民の行動は、さまざまであった〔たとえばフランス在住の〕ドイツ人とフランス人は、自殺に向かう同じ性向を備えていなかった）。この枠組みだと、国籍は説明変数として考えられない。国籍「のもとに」、さまざまに異なる「生活スタイル」が観察されるのである。

より最近になると、国家間の比較は、ヨーロッパの政治的および経済的統合や、統計データを生み出すような世界的な機構（制度）の創設によって促進されていった。

88 政治的志向 Orientation politique

政治的志向とは、個人を政党や政治派閥に導いたり構造化する、価値、規範、嗜好（つまりはイデオロギー）の総体を成す。理性的であると同時に、個人的事情の偶然性に動じることのない理想的市民に基づいた政治の哲学的ビジョンというのがある。それに反して、有権者が投票所の仕切りのなかで一票を投じるときは一人ではなく、ともに帰属するグループ（集団）や個人の来歴、価値観も持ち込まれる。その点でいえば、投票とは、確かに秘められた個人的なものだが、それはまた同様に、色々なモデルで説明づけられ、予測しうるものだ。投票とは、社会的行為である。

政治的志向についての社会学的論争は、二つの問いをめぐって総括できる。それは、政治的志向をもっているか否かという問いと、その原因についての問いである。前者の問いは、個人が政治を理解し、それに自分を合わせる能力に差し向けられる。フィリップ・コンバース[6]やピエール・ブルデュー[7]が指摘したように、政治的能力（コンペタンス）は、それが客観的なもの（知識があること）であれ、または主観的なもの（自分が正しいと感じること）であれ、周知の論理（年齢、性、教育）に従って、大衆に不均等に配分される。ほかにはポール・スナイダーマンのような専門家にとって、有権者とは「認知的吝嗇家 **avare cognitif**（*cognitive miser*）[8]*」であり、民主主義のなかで自分に割り振られた役割を遂行できるための既成思想 **prêt-à-penser** や認知的縮約法 **raccourcis cognitifs** を十分に備えていることに変わりはない。

政治的志向の説明モデルは、その多様性と、それらに影響を与えてきたものの移り変わりによってほかとは一線を画する。長らく、政治的志向は、「君が社会的に何者であるか言ってごらん、君が投票する人を教えてあげよう」といった形で縮約できた。こうしたモデルが、社会階級に加えて、宗教や居住区といった諸特徴を統合するとしても、いささかマルクス主義的な図式ではある[9]。こうした社会学的かつ「重たい変数」[10]は、今後、ほかの「ホモ・エコノミクス *homo oeconomicus*」[11]にもっと焦点を当てた説明を優先させたり、価値システムが変遷（とりわけ自由主義的な文化的態度[12]）していくなかで、その影響を減じていくことになるだろう。

＊〔訳注〕簡便な判断法に基づいて直観的に判断すること。

89 公共と民間（公と私）Privé, public

ほかの諸特徴（年齢、職業ヒエラルキー上の立場、社会的出自）は別にして、「私人」に属するか「公人」に属するかは、それぞれ異なる表象と関連する。怠惰な公務員と精力的な（民間セクターの）管理職というイメージは、数十年来、人口に膾炙している。ただ、これ（公的か私的か）は、必ずしも社会学の古典的変数の一つではない。

この四半世紀にみられる国営企業の民営化の流れとともに、「公立」には主要な二つの要素がある。それは、国の公的機能と、地方分権とともに増大する要素である地域的な公共機能（市町村または県のような地方自治体に依存する）である。

職業領域または別の領域への帰属は、付随的な形で、実践活動や意見を差別化する。消費は全く同じ構造では行われず、財産もまた異なる（企業の被雇用者たちは、たいてい（不動産）所有者である）。公務員は、犬よりも猫を飼うことを好む。「公人」は、民間人よりも左派に投票する。

だが、こうした差異は、工場労働者、管理職、民間または官公立の被雇用者といったふうに範疇《カテゴリー》［▼18］と併せて考慮するべきである。民間と公立を比較しても一様ではなく、それぞれの管理職や被雇用者同士で比較しても、結論はさまざまに異なってくる。（政治的意見のように）いくつかの場合には、ヒエラルキーの下層部よりも上層部で隔たりがより顕著となることもある。

90 資格 Qualification

労働（仕事）travail は、多少とも資格化されうる（何らかの教育研修や特別な熟練さを対価としてのみ実現可能なのだが）。被雇用者は（当人が達成する業務の成果全体や、職のヒエラルキーにおける地位に応じて）、資格（職能）ありと認識されることになる。

労働者の資格は、労働世界と社会学的研究の世界との間での中間的概念の一つである。戦後フランスの社会学者にとって、労働の合理化についての研究の枠組みで、この概念を活用することは重要であった。他方で、資格とは（雇用主、国、組合との間の）集団的な合意や、職の分類表や目録（工場労働者にとっての賃金等級表 grille Parodi や職業・社会職業分類）といった枠組みのなかで認識される（またはされない）ものである。

ピエール・ナヴィーユは、工場労働者の仕事に関する研究に基づいて、資格について「いくつかの技術的操作と、その社会的価値の概算との関係性」と定義し、こうした二つの側面をつなげようとする。つまり、熟練さと、資格がヒエラルキーや仕事そして仕事以外のなかで果たす役割とを二重に考慮するのである。

集団性の概念は、今日ではしばしば「能力《コンペタンス》」という個人の概念によって置き換えられる。資格は、仕事の地位と結びつくのに対し、コンペタンスは個人と結びつくのである。

91 人種と民族《エスニシティ》 Race et ethnicité

一九七〇年代、支配関係を理解するにあたって、「階級」に「人種」と「性」とが加わる。この二つの場合、アプローチは同じである。つまり、問題となるのは社会的影響を及ぼす生物学的現実ではなく、権力関係を正当化しようとする社会的構築であることを示すことだった。人種の出現が、当初から最も可視化されているのは、ジェンダー［▼53］研究においてである。人種は、[13]性の社会的構築を、類比によって思考するための理論的ツールとして、あるいは支配の理論家たちに向けられた批判として利用された。批判される理論家たちは、階級や、場合によっては性関係を考慮に入れても、その代わりに社会的世界が白人だけで構成されているかのように考えていた（『黒人フェミニズム』[14]を参照）。こうした新たな分析範疇《カテゴリー》の出現は、その後、交差性（インターセクショナリティ）[15]と呼ばれるものを考える機会となった。つまりは、階級や性、人種、さらには年齢やセクシャリティの社会関係をつなげていくやり方である。

「人種」という用語の使用は、しばしば北米から輸入されたものとして理解され、フランスでは議論を巻き起こしている。批判する者たちは、人種差別された社会的グループの存在は否定せずに、しばしば「民族《エスニシティ》」のほうを好む。この用語のほうが含み持つ意味は少なく、生物学的な準拠もないために、混乱の対象にはなりにくいのだろう。こちらの支持者たちは、自然性への準拠を維持することを主張するが、それを実証するためではなく逆に解体するためであるとする。「人種の社会関係」という定式は、社会階級には解消されない不公平さの社会的構築を強調することに立ち戻る。そして逆に、明らかに生物学的人種の存在についての人種主義的な信念を問題として取り上げることとなる。

92 宗教 Religion

世俗化 sécularisation は、近代社会における宗教の不可避的な運命として、長らく宗教社会学のなかで支配的なパラダイムであった。そこでは主として、信仰への帰属の漸進的衰退が描写されている。

フランスでは、この分野に関して行政主導の統計調査は禁じられていることから、主な情報ソースは民間の研究所が実施した調査や、（欧州価値調査 European Values Survey（EVS）のような）研究者らによって実施された国際的な量的調査（アンケート）に見いだされる。さまざまな資料からは、とりわけ無宗教や、イスラム教に帰依する者が少なからずいるために、カトリシズムへの帰属の表明が減じていることがはっきりしている。

ただそれでも、そこから出された数値には注意が必要である。実際のところ、回答は、質問のなかにフィルターがあるかないかに応じて、調査によって明らかに異なる。[16] したがって、二〇〇八年のEVSの調査によれば、フランスにはカトリック教徒は四二パーセントしかいないという。だが、二〇〇九年のフランス世論研究所（IFOP）の調査では、いまだ六四パーセントもいるという。調査（アンケート）では、おそらくは低い申告性と関連する、イスラム教徒の統計学的な弱い可視性が、もう一つの問題である。EVSの調査（二〇〇八）では、イスラム教徒と自認していると回答した者は四・五パーセントであったとしても、この比率は増大しているとはいえ、いまだに低く見積もられているようにみえる。最後に、宗教上の帰属に関する質問に対する回答は、その人が制度的なシステムのなかに身を置いていたり、あるいは何らかの継承をみずから認識していたりすると、それが必ずしも個人的に参加しているものとは限らない。それなのに、宗教は、とうに個人の問題となっているのだ。個人は宗教に自由に参画したり、変えたり、やめたりもできる。宗教的制度は、ひどく弱体化している。だが、その外部では、いくつかの宗教的信条が個人的ブリコラージュ〔器用仕事。持ち合わせのもので現状を切り抜けること〕の対象となって増殖している。可動的かつ可変性のある宗教的感情religiositéは、このような形をなす。[17] それは、英国の社会学者グレース・ディビィGrace Davieの定式によれば「帰属なき信心」とみなしうるものだ。

93 性 Sexe

性差とは、普遍的に知られた社会的差異である。二つの性への範疇《カテゴリー》化は、自然なことではなく、生物学的複雑性を単純化する物語や制度に従属して、時代や地理的区域によってさまざまに異なる。[18] 両性具有やトランスセクシャルを認める医学的処置や法律上の処遇は、その証左として発展している。

二つの性への分化は、理論的には中立かもしれない（それぞれの性がある同等の価値をもつ）が、ヒエラルキー化の原理を伴う（価値や資源《リソース》の相違が、それぞれの性に帰する）。したがって、社会学的分析においては、戸籍に登記された性ごとに〔アンケート調査の〕被調査者を分類しても、それぞれ固有の影響を計測して、男性が普遍性をもつという幻想から脱することが重要となる。そうするためには、二つの性を比較してみることが重要である。同じ工場のなかで、女性工員は男性と同じ作業を行っているだろうか？ 女性工員は、同じ仕事でも同額の給料を受け取っているだろうか？

それでも、性による決定は、単独では作用を及ぼさない。なかでも社会階級［▼84］や年齢［▼83］、人種と民族［▼91］の属性、セクシャリティによる決定などと交わって、これら変数同士の交差[19]や、ダニエル・ケルゴアが「性の社会関係」[20]と呼んだものの特異性を更新していく。例を挙げると、黒人女性医師は、まずもって女性として認知されるのだろうか。それとも医師として、あるいは黒人としてだろうか？

94 地位 Statut*

米国の古典的社会学にとって、地位（あるいはステイタス *status*）とは、個人が所与の社会システムのなかで占める立場《ポジション》を表す。[21] 地位とは、役割全体と関連して、個人が他人の行動に当然、期待してもよいものと定義づけられる。

すべての立場《ポジション》が、必ずしもヒエラルキーと関係しないとしても、社会とは一般に、地位の格付けによって特徴づけられ、その基盤は、社会の価値システムに従属する。したがって、地位とは、それによって個人に授けられる威信や名誉のレベルに応じて順序づけられる。ウェーバーは、こうした分配の社会的影響に関心を示し、社会的威信のシステムのなかで、同じ位置《ポジション》を占める個人たちは、地位集団[22]（*status groups*）を形成すると考えた。同じ集団（グループ）の人たちは、帰属感や生活スタイル、世の中について共通の視点をもつ。したがって地位集団は、経済的階級や政治的党派以外に、社会的階層化の文化的次元も指し示している。

もしも社会的地位の理論的構築が、さまざまな概念の中心にあって議論となるならば、一般に個人の社会的地位は、行動や態度、願望について説明づける性質を帯びると考えられる。きわめて頻繁に、社会的地位は、個人の社会経済的立場の総合的指標となり、そのなかで職業は中心的要素となる。社会学者は、分析のなかで、社会的地位を変数として評価し、利用しようと試みる。それはまた、社会移動［▼63］や格下げ（落伍）に関する、より動的《ダイナミック》な分析の中心となる。

より限定的な言い方をすると、フランス国立統計経済研究所（ＩＮＳＥＥ）の職業・社会職業分類の用語体系において、地位とは階級についての諸基準の一つを指し示し、賃金労働者と非賃金労働者（雇用主、職人、農業従事者、商人）とを区別できるようにするものである。

＊〔訳注〕マックス・ウェーバーの用語standは、「身分」と訳されてきている（マックス・ウェーバー『権力と支配』濱島朗訳、講談社、二〇一二年、二一五―二一八頁）。

95 区（地）域、テリトリー Territoire*

区（地）域という概念は、物理的空間の境界のなか、あるいは境界によって構築された社会的空間を指し示す。この概念は、ヨーロッパ大陸系の社会学よりも米国系社会学において、より一層、重要な意味をもつ。シカゴ学派に属する社会学者にとって、都市は社会的相互作用［▼61］を理解するための実験場となり、移民のさまざまな流れの空間的分散は、米国社会の坩堝《るつぼ》に同化をもたらす。パークとバージェス[23]が同定できると考えた、こうした「メカニズム」や「プロセス」とは社会的な性質をもち、そこでの都市空間（純粋に物理的基盤である「土地 sol」とは異なる）は、何らかの形の産物、さらにいえば反映である。

こうした反映の特殊性は、識別しうる測定可能な物質的痕跡として表れるため、社会問題を認識するうえで貴重である。反映は、指標として機能することになる。パークは、社会現象や精神現象を空間的現象に還元したり、結びつけることが可能な限りにおいてのみ何らかの形で測定できる、と述べる。シカゴのような米国の巨大な移民都市において、社会学者の主たる関心は、社会的統合（同化）が問題となる遷移地帯［(*zone of transition*) シカゴ学派の用語］に注がれる。米国では、ポール・ジャルコフスキー[24]といった社会学者たちによって、区域が人々に及ぼす社会的解体（無秩序）への影響について分析が続けられている。

問題となるのは、単に社会学者によって作り上げられた範疇《カテゴリー》だけではなく、態度や行動に影響を及ぼす集合的表象である。ことにそれは、区域の近接性によって、帰属感が絶えず強化され、保持される場合である。ある隔離された区域において人口の均質性が集中することは、アイデンティティを要請するメカニズムを生じうる。ゲットーが誇りの源となりえるのだ。その反対に、フランスで最も評判の悪い区域は、社会的・人種的視点が混在しており、その意味で、まずは社会的に距離を置かれるメカニズムを作り出すのである。

最後に、分業化のなかで個人が従属的にしか統合されないとしても、区〔地〕域は、個人にとっての支えとして考えられるはずだ。ニコラ・ルナイ Nicolas Renahy が「土着の資本[25]」について語ったのは、以下のことを示すためであった。産業が導入された地域に住む若者は、工場に雇用される機会が増すという恩恵を受けてきた。それが、経済の第三次〔サービス〕産業化とともに、従来の資本が著しく衰退していることを、ただちに認めることになるのだ。

＊〔訳注〕社会的属性の項目の一つとしては「地域」、シカゴ学派の用語としては「地帯」。ここでは都市空間のどこかのエリア〔オフィス街・スラム街など〕を指す言葉として、日本語のテリトリー〔縄張り〕よりは広い意味合いで使われている。

96　社会参加《アンガージュマン》 engagement

「すべての知識人は、また市民でもある。知識人は、市民として行動するとき知識人であることを止める」[1]。レイモン・アロンはこのように、社会参加する知識人の曖昧さを告発する。この役割の混乱により社会学者たちが、科学（学問）的な言説の見せかけのもと、政治的または社会的立場をとることもある。アロンは、社会学者の公的な社会参加の正当性を問題とはしなかったものの、科学者たる者、市民的立場をとることを科学（学問）的論争のせいにすることはできないし、またしてはならないと考えた。

市民社会Cité《シテ》（古代ギリシアのポリス（市民が統治していた都市国家）を念頭に用いられた語）における社会学者の社会参加という問題は、合意が得られるどころか、社会学という専門科目を、その胚胎期より「役に立つ」、広く普及した社会科学たらんとする推進者たちと、厳密に細分化された認知的問題点のみに留め置こうとする専門家たちとの間を分裂させる。こうした立場を越えたところで、社会学が（真理の）解明［▼4］という、それ自体が提案する企てを通じて社会に批判的まなざしを注ぐことで、必然的に社会参加する学問を成していると主張する人たちもいる。

メディア的、社会的、政治的な要請により、社会学者は、だんだんと公的な討論の場に入るよう促されている。逆説的であるが、社会学者と社会とがこのように接近しても、必ずしも「インテリ」の使命の補強に寄与するわけではない。（社会学者の）使命とは、むしろ「専門家」［▼97］としての可視化を強めることとワンセットになってきている。専門家たちは、自分たちの学問的能力を発揮できる領野に多少とも近いアクチュアルな話題や社会問題に対して動員される。社会科学の研究者の公的な役割は、こうして十九世紀末以降のフランス社会において最も支配的であった、社会参加する一般的知識人という姿から離れて、より一層、ミシェル・フーコーが意味するところの、専門化された介入領野で条件づけされた「専門的インテリ」の姿へと向かっている。「社会学の専門家」に対して増え続ける呼びかけが、この学問分野の再考と市民社会における役割や地位について改めて定義づけを促す。それはまた、社会科学としての社会学の地位や、その普及や有用性の根拠などと関連した新たな道徳的、職業倫理的な問いを喚起することにもなるのだ。

97 専門家の診断（専門性による判断）Expertise

専門家の診断とは、専門技術または専門職的枠組みのなかで、行為に向けられた専門的知識の産出を指す。専門家とは、その領域の専門家たちに認められて、特殊な知識に習熟すると同時に、みずからの固有の経験からも、その専門的知見を引き出してくる。あるいは専門家の診断とは、ある問題状況を指すとも考えられる。そこでは専門家の知が要請されて、問題を委ねてきた者に、一つの見解が与えられるという形で判断を下すことができる。[2] 専門家の診断の正当性は、学問（科学）や学識能力の価値が認められていることに立脚する。

専門家が意見を述べるという実践と専門的実践との近接性については、強調しておく必要がある。専門家の診断は、その領域の研究者たちにとって「専門家の特性が完遂されたイメージ」として映ることもある。[3] 同様に、多くの者たちが、自律した専門的知識人という考えに疑義を呈しており、専門家の診断と「素人判断」との間の境目の変遷を、以下の二重の展望のもとで自問している。つまり、一方では、その知識に議論の余地が残され、不安定なものとして映るようになった学問的専門家の正当性の弱体化を通じて。もう一方では、非専門家や「認証」されていない専門家〔いわゆる素人専門家〕によるコメント活動の解禁を通じて。要するに、専門家の診断の様相が変容したのだ。知の習熟という資格で意見を表明していた個人の専門家というイメージが、専門的診断の多様化した形態（セカンドオピニオン、集合的診断）や、多元的な専門家群（学際性、複数の行為者の参入）へと引き継がれていった。それにより、多様な知が分節化され、さまざまに異なる背景をもった複数の行為者たちの協調が可能にもなった。

98 知識人と政治 Le savant et le politique

これは、マックス・ウェーバーの有名な著作につけられた〔仏訳版の〕タイトルである[4]。その内容は、一九一九年に、二回にわたって開催された公開講義での、「知識人の職業とメチエ」、「政治家の職業とメチエ」についての内容が含まれる。マックス・ウェーバーはここで、知識人の姿勢と政治的行為者のそれとを区別している。*

知識人の仕事には、目的に到達するための厳密な専門性が含まれている。つまり、学問（科学）的に価値があると認められた事実や論拠を通じて、真実を明らかにすること。それには徹底した厳密さと同時に、本物の熱意が必要とされる。「学問には慎み深さと、精神の自在さが求められる」。知識人の仮説は、一つの「理念」によって導かれる。その理念は、その人の熱心な作業を対価として得られるもので、政治的思想（信条）とは全く異なる。科学は、諸事実の統合的な理解［▼2］のために、価値中立性［▼9］を考慮に入れる必要がある。

政治的行為者とは、働きかけ行動する人間である。科学者が政治構造を分析するのに対して、彼（女）たちは、みずからの価値に従って立ち位置をとる。「実践的な政治的立場を掲げることと、政治構造やその政党教義を科学的に分析することは全く別物である」[5]。

社会学者の社会参加（アンガージュマン［▼96］）は、社会学では中心に置かれる問題である。社会学者は、みずからが帰属する社会を分析するが、しばしば研究領域の対象となる人々により近づくために、象牙の塔の知識人として留まることができない。一人の市民として固有の思想をもち、社会参画し、研究分野と関連のある議論に参加したり、専門家としての意見を求められることもある。社会問題の改善に寄与しないのだとすれば、社会学は何の役に立つのだろうか?

ウェーバーは、社会学者が知識人と政治的行為者の役割とを混同しないようにと促している。社会学者は、その時代の社会的論争や政治的省察に参加できる。ウェーバー自身も、一九一八年に社会民主党に加盟して政治的に参画した経験があり、新聞に論文もいくつか書いている。ただし、同時に二つの役割を演じないこと、科学的事実を根拠にして各々の信念を押し付けようとしないことが肝要である。なぜなら、そうすることで科学的信憑性を失わせる危険性があるからだ。「双方のメチエの尊厳を傷つけることなくして、また互いの使命なくして、行動の人間と同時に研究の人間であることはできない(6)」。

* 〔訳注〕邦訳タイトルは「職業としての学問」、「職業としての政治」(岩波文庫ほか)。ドイツ語の *Beruf* には、職業とともに天職、使命という意味も含まれている。

99 「一時間の骨折り……」« Une heure de peine… »

エミール・デュルケムは、『社会分業論』(一八九三)初版の序文のなかで、現実を研究することは、現実の改良を断念することにはならない、と記している。「我々の探究が、もし思弁的興味しかもつべきではないとするならば、それは一時間の骨折りにも値しない*ものと考える。理論的問題と実践的問題とを念入りに区別するとしても、それは後者の問題を無視するためではない。むしろ反対に、自分たちを実践的問題を解決可能な状態にするためなのだ」。

デュルケムの目的は、多元的である。彼は社会学を、哲学と対立させたり（哲学は実践的な目的をもっておらず、事実の観察によって迂回しない）、革命理論と対立させる（それらは「穏健で保守主義的な」改善を目指そうとはしない）。デュルケムの弟子であるマルセル・モースやセレスタン・ブグレらが「一時間の骨折り」という表現を再び取り上げ[7]、密かな賛意のしるしとなっている。けれども、戦後の一九三〇年代に、デュルケム的な応用社会学は、学校教育者たちにとって、一つの道徳として受け入れられることとなる。

この表現は、それでも消え去ることはない。社会学に対して、玉虫色の正当化を提供する。ピエール・ブルデューは、初期の重要な論文の一つの結論のなかで、次のように述べている。「観察の対象である個々の人間たちを操っている糸を発見することだけが社会学の目的であるとしたならば、社会学が人間を相手としているのであること（たとえ彼らが操り人形のように自分の知らない規則に従うゲームを演じているときでさえ）を忘れたならば、要するに、社会学が人々に彼らの行為の意味を取り戻させることをみずからの任務としていないのならば、社会学には三文［一時間の骨折り］の価値もない[8]」。

ここでの「デュルケムへの回帰」は暗示的で（出典は引用されていない）、敵対者を変更している。ブルデューは、このパラグラフのなかで、「人間に、その行為の意味を復元させる」ことに関心のない構造主義的人類学との相違を示唆して、フランス社会学の創立者および継承者を自認する。それから二十年ほどが過ぎて、ブルデューはこの表現を再び取り上げている。自身の公式カンファレンスのいくつかの出版を理由づけるために、以下のように記している。「社会学が専門家だけに任された専門的知識でなくてはならないとしたら、それは一時間の苦労〔骨折り〕にも値しないだろう[9]」。

＊〔訳注〕邦訳デュルケーム『社会分業論』（ちくま学芸文庫、二〇一七年）では、「瞬時たりとも」と訳されている。

100 社会学者 Sociologue

社会学的アプローチを定義づける最初の試みが始まって一世紀以上が過ぎた今日、社会学者のメチエは、どのように行使されるのだろうか？　この職業《プロフェッション》を実践する準備をしている学生たちは、何に取り組むのだろうか？　自分の職業のすべての側面を詳細に描写できるほどの社会学者であっても、みずから実施した調査について説明するだけではよしとしないだろう。その調査が、自身の活動の重要な部分を占めるとしても、である。社会学者はもはや、みずからアカデミックな機能や知識人の役割だけにとどまることはできない。彼（女）らはまた、おそらくみずからの研究が行使される諸条件についても語ることになろう。すなわち、研究費調達のために提供される応募案内への応答、社会的要請を満足させることへの懸念、メディアとの間で保たれる関係性、会社や公的権力の主導によって創設される委員会のなかでみずからに託される専門家としての責務、といった条件である。(社会学者に) 要請されることは数多く、多岐にわたる。他方で、社会学研究は専門化して技術化され、調査の実施や処理方法は、より改善されている。だが、こうした実践のさまざまな次元を超えたところで、社会学者はとりわけ、みずからが社会的世界に注ぐ不可避的に批判的な視線（まなざし）によって規定づけられている。なぜなら、社会学者の仕事とは、先取観念［▼13］や日常生活上の神話を追求することにあるからだ。そうした舞台裏を探索しながら、社会学者は常に、自明なこと、絶対的真理として映っているものを安易に信頼しがちな世の人々を脱魔術化〔ウェーバーの用語〕し、期待を裏切るリスクをも冒す。だが、この幻滅させる役割を担うからといって、みずからが社会の求めに応じて参画し、研究結果を価値付けし、その社会的有用性を探ることを禁じられてはいない。社会学者は、市民社会Cité《シテ》の中心にいるのだ。彼（女）らの研究は、一部の専門家たちの手のなかに閉じ込められたままではない。社会学者の研究が大いに普及して、社会それ自体の関心が、一般の人のなかにも引き起こすことにより、少なくとも間接的な形であっても、社会の調整に携わるという意識が強化されるのである。

訳者あとがき――開かれる古典の紹介

本書は、Serge Paugam (sld.), *Les 100 mots de la sociologie*, (Coll. « Que sais-je ? » n° 3870, Paris, PUF, 2010, 2015) の全訳である。

原著は、今日のフランス社会学を代表するセルジュ・ポーガム（Serge Paugam）を中心とする研究者たちのチームによって執筆された。ポーガムは、一九八八年、社会科学高等研究院（ＥＨＥＳＳ）で経済社会の脆弱性に関する博士論文を提出してから、一貫して、不平等、社会的断絶、そして、社会的紐帯の問題に取り組んできた。現在、フランス国立科学研究所（ＣＮＲＳ）・主任研究員であり、また社会科学高等研究院・主任研究員を務める。ポーガムの略歴や研究の特徴については、すでに邦訳されている『貧困の基本形態――社会的紐帯の社会学』（川野英二、中條健志訳、新泉社刊、二〇一六年）の詳細な訳者解題を参照されたい。近著に、貧困の認識に関する国際比較調査をもとにした *Ce que les riches pensent des pauvres*（Bruno Cousin, Camila Giorgetti, Jules Naudet との共著、Paris、Seuil、2017）がある。

社会学は、十九世紀末から二十世紀初めにかけて、フランスのエミール・デュルケム（Emile

Durkheim)、ドイツのマックス・ウェーバー(Max Weber)によって、その基本的な考え方が確立されたと言われている。

デュルケムは、ソルボンヌ大学の大講堂で、社会の「連帯」について講義をし、社会学が学術の世界で承認されることに貢献した。けれども、この時代、デュルケムは、同時代のドイツのウェーバーの「理解」の社会学とは、ほとんど交流がなかったと言われている。そして、哲学思想においてヨーロッパへの依存からの脱却を試みたアメリカ・プラグマティズムは、二十世紀後半、アーヴィング・ゴッフマン(Erving Goffman)の「相互作用」の過程についての社会学を生む。

社会学の古典と称される彼らの貢献が、孤立してではなく関連づけられるようになるのは、二十世紀中葉になってからである。さらに留意すべきことは、二十世紀中葉において、「ジェンダー」が社会学の課題に加えられたことである。

フランスのピエール・ブルデューは、『社会学者のメチエ』〔参考文献(2)〕において、十九世紀のカール・マルクス(Karl Marx)にも遡及して、これまでの古典と称される、デュルケム、ウェーバー、ゴッフマンらについて論じている。

ブルデュー(Pierre Bourdieu)が、コレージュ・ド・フランス(Collège de France)に受け入れられたのは、二十世紀末のことであった。コレージュ・ド・フランスは、少数の学術的に認められた者のみが講義をするところであるが、そこでは、だれもが自由に聴講できる公開講義が行われている。学術の世界が完全にすべての人々に開かれているという意味で、大学とは異なる空間なのだ。

以上に挙げた、いまは亡き社会学者たちの思考は、ブルデューの試みにおけるように、互いに関連づけられるようになり、そして、閉鎖的な学術の世界が外に開かれるようになった。このような知的潮流のなかに、二十一世紀のセルジュ・ポーガムたちの『100語ではじめる社会学』は位置づけられていると言えるだろう。

なお、十九世紀末、そして二十世紀初期以降の社会学の展開については、ジャック・エルマン『社会学の言語』（原山哲・樋口義広共訳、白水社文庫クセジュ、一九九三年）を参照されたい。

本書は社会学に関する100のキーワードを並べた小辞典の体裁を取っており、社会学の専門書を読んでいくなかで出会った用語を、その都度調べるような用途にも役立つ。とはいえ冒頭から順に読み進んでも、一冊の書物として読めるよう細やかな工夫がなされているのは、本書の大きな特徴と言えるだろう。

本書のさらに大きな特徴は、社会学の基本的な考え方（本書第一章）や方法論（第二章）への手厚い言及である。こうした社会学辞典（ないし事典）はこれまでにも出版されてきたが、たいていは「概念」（第三章）の解説にほとんどのページが費やされるのが常であったように思う。それに対して本書は、「社会学的な論証」が行われる際には、何を材料に、どういった点に着目しながら、どのようなステップを踏んで「料理」していくのかに関する具体的な説明からスタートする。これは言わば、社会学でこれまでなかなか言語化されてこなかった部分（だれも教えてくれなかったこと）がコンパクトにまとめられたということだ。たとえば大学に入ったばかりで「社会学って何だろう」と戸惑っている初学者にとって、あるいはこの学問に興味を抱く一般の人々にとって、本書は社会学の「やり方」を理解するうえでの強力な羅針盤となるはずだ。

そしてまた、アンケート調査や統計データの扱いなど、計量調査関連の事項に多くの紙幅を割いているのも、本書のユニークな点の一つである。もちろん古典中の古典であるデュルケムの『自殺論』の中身が数値データのかたまりであったことを忘れるべきではないが、社会学において今日ほど「データとエビデンス」が重視されるようになった時代はかつてなかったと言える。本書において「社会的属性」(第四章)——統計データの分析においてクロス集計表の表側《ひょうそく》に置かれる「独立変数(説明変数)」の候補たち——の解説に丸々一章が当てられているのも、類型分類と比較研究[▼1]を重視するポーガムらの方法論的態度の表れであると同時に、社会学のみならず社会科学系のあらゆる学問分野が現在置かれている状況(エビデンス重視)を、どこかで物語っているように感じられる。

これを受けて、終章となる結論部(結び)では、知に厳密かつ真摯であろうとする社会学と「世の中の役に立つ」社会科学(社会学もそのうちの一つである)との間のデリケートな関係性について、また今日の社会学者が社会運動や公権力批判から遠ざかって、メディアで重宝がられる「専門家」のコメンテーターのような存在に接近していく様子について言及がなされる。その行間にひっそりと表明されていたのは、こうした社会学の変容に対するポーガムらのため息だったかもしれない。すでにだれの目にも見えている問題に対して解決策を探り、政策提言していく課題解決型アプローチと、いまだ人々の目には見えていない隠れた問題を指摘・究明していく問題発見型アプローチの間にはそもそも方向性の違いがある。とはいえポーガムらの立場は明快であり、そのいずれの場合であっても、社会に対する批判のまなざしを貫くのが社会学者の役目であるというのが、本書で示される最後の結論だった［▼100］。この批判精神こそが、種々の潮流に分かれつつ広大な領域をカバーする現代フランス社会学の全体を、最も基部から支える通奏低音となっているのだろう。ここで言う批判とは、常識を疑い社会を別角度から眺めることよりも、さらに一歩踏み込んだ強い意味を持っているのだが、本書の持つこうしたメッセージが少しでも読者に伝われば幸いである。

本書はまた、社会学の基本的文献を紹介する優れたブックガイドでもあり、初学者がまず読んでおくべき本が脚注の形でリストアップされている。ただし、原注に挙げられていた書籍には、すでに邦訳のあるものとそうでないものが混在しているため、この訳書では原注で紹介のあった文献については原語を示し、そのうち邦訳書の出ている基本文献については、特に重要なものをピックアップして巻末に一覧表を付すことにした。

翻訳にあたって、阿部又一郎が一章、四章と結び、渡邊拓也が二章と三章後半、原山哲が三章前半を主として担当したが、訳者三人が共同で責任を負っている。項目や主たる用語はフランス語からの訳出を基本とした。したがって、オリジナルが英語やドイツ語表記の場合、必ずしも従来の邦訳と合致しないところもある。それらの箇所には、読みを妨げない限りで最小限の訳注を付けた。今回、社会学を専門とする原山哲と渡邊拓也に、精神医学を専門とする阿部又一郎を加えての翻訳の作業は、学際性の意義のあるものであったことを記しておきたい。

本書の翻訳刊行にあたり、企画の段階からお世話になった白水社の小川弓枝氏に、この場をかりて御礼申し上げたい。

阿部又一郎・渡邊拓也・原山哲

文庫クセジュ

社会科学

357 売春の社会学
396 性関係の歴史
483 社会学の方法
616 中国人の生活
654 女性の権利
717 第三世界
740 フェミニズムの世界史
744 社会学の言語
746 労働法
786 ジャーナリストの倫理
787 象徴系の政治学
824 トクヴィル
845 ヨーロッパの超特急
847 エスニシティの社会学
887 ＮＧＯと人道支援活動
888 世界遺産
893 インターポール
894 フーリガンの社会学
899 拡大ヨーロッパ
917 教育の歴史
919 世界最大デジタル映像アーカイブ ＩＮＡ
926 テロリズム
936 フランスにおける脱宗教性《ライシテ》の歴史
940 大学の歴史
946 医療制度改革
957 ＤＮＡと犯罪捜査
994 世界のなかのライシテ
1010 モラル・ハラスメント

文庫クセジュ　Q 1025

100語ではじめる社会学

2019年1月10日　印刷
2019年1月30日　発行
編著者　セルジュ・ポーガム
訳　者 ©　阿部又一郎
渡邊拓也
原山 哲
発行者　及川直志
印刷・製本　株式会社平河工業社
発行所　株式会社白水社
東京都千代田区神田小川町 3 の 24
電話　営業部 03 (3291) 7811 / 編集部 03 (3291) 7821
振替 00190-5-33228
郵便番号 101-0052
http://www.hakusuisha.co.jp

乱丁・落丁本は，送料小社負担にてお取り替えいたします．

ISBN978-4-560-51025-4

Printed in Japan

訳者略歴

阿部 又一郎（あべ ゆういちろう）

1999年、千葉大学医学部卒業、精神科医。2008年、フランス政府給費生として渡仏して臨床研修。2011年、東京医科歯科大学大学院医歯学総合研究科博士課程修了（医学博士）。現在、伊敷病院勤務、東京医科歯科大学、東洋大学非常勤講師。

主な訳書に、F・ブルジェール『ケアの社会』（共訳、風間書房、2016年）。S・ティスロン『レジリエンス』（2016年）、P・H・ケレール『うつ病』（共訳、2017年）、S・ティスロン『家族の秘密』（2018年）、M・マソン『双極性障害』（監訳、2018年）（以上、白水社文庫クセジュ）。

渡邊 拓也（わたなべ たくや）

2012年、フランス国立社会科学高等研究院修了（Ph.D）。京都大学大学院文学研究科博士後期課程修了（文学博士）。フランス政府給費留学生。専門領域は社会病理学、社会史、地域社会学。現在、大谷大学社会学部准教授。

主な共著訳書に、F・デュベ『教えてデュベ先生、社会学はいったい何の役に立つのですか？』（共訳、新泉社、2014年）、P・ルモアンヌ『教えてルモアンヌ先生、精神科医はいったい何の役に立つのですか？』（新泉社、2016年）、『せめぎ合う親密と公共：中間圏というアリーナ』（共編著、京都大学学術出版会、2017年）、P・H・ケレール『うつ病』（共訳、白水社文庫クセジュ、2017年）など。

原山 哲（はらやま てつ）

東北大学大学院文学研究科単位修得退学。フランス政府給費留学生（パリ高等師範学校）。ベルサイユSQY大学博士課程修了（社会学博士）。東洋大学社会学部教授を経て、現在、LEST（フランスCNRS）客員研究員。

看護を中心とするケアの組織の日仏比較。主な訳書に、J・エルマン『社会学の言語』（共訳、1993年）、F・ブルジェール『ケアの倫理』（共訳、2014年）（以上白水社文庫クセジュ）、F・ブルジェール『ケアの社会』（共訳、風間書房、2016年）など。日仏共同研究として、主な共著書に、P. Mossé, T. Harayama et al., *Hospitals and the Nursing Profession: Lessons from Franco-Japanese Comparisons* (2011, John Libbey) など。

執筆者一覧

〔（　）の数字は、執筆した項目の番号を示す〕

Céline Béraud　セリーヌ・ベロー、社会科学高等研究院教授（13, 57, 69, 92）

Michel Castra　ミシェル・カストラ、リール大学教授（56, 78, 97）

Isabelle Clair　イザベル・クレール、フランス国立科学研究センター研究員（8, 23, 65, 75, 91）

Philippe Coulangeon　フィリップ・クランジョン、フランス国立科学研究センター主任研究員（26, 35, 37, 45, 63, 82, 84）

Baptiste Coulmont　バティスト・クルモン、パリ第8大学准教授（77, 87, 89, 90, 99）

Nicolas Duvoux　ニコラ・デュヴー、パリ第8大学教授（41, 85, 95）

Pierre Fournier　ピエール・フルニエ、エクス=マルセイユ大学教授（3, 5, 28, 55, 83）

Florence Maillochon　フロランス・マイヨション、フランス国立科学研究センター主任研究員（11, 18, 19, 27）

Claude Martin　クロード・マルタン、フランス国立科学研究センター主任研究員（6, 47, 86）

Olivier Martin　オリヴィエ・マルタン、パリ・デカルト大学教授（7, 12, 17, 22, 29, 33）

Pierre Mercklé　ピエール・メルクレ、リヨン高等師範学校［文学・人文科学校］（16, 20, 21, 31, 44, 74）

Sylvie Mesure　シルヴィ・ムズュール、フランス国立科学研究センター主任研究員（2, 9, 40, 48）

Laurent Mucchielli　ロラン・ミュッチエッリ、フランス国立科学研究センター主任研究員（36, 49）

Serge Paugam　セルジュ・ポーガム、フランス国立科学研究センター主任研究員・社会科学高等研究院教授（4, 10, 32, 50, 58, 62, 68, 70, 71, 76, 100）

Geneviève Pruvost　ジュヌヴィエーヴ・プリュヴォ、フランス国立科学研究センター研究員（30, 43, 53, 61, 93）

Corinne Rostaing　コリンヌ・ロスタン、リヨン第２大学教授（38, 51, 59, 80, 98）

Sandrine Rui　サンドリーヌ・リュイ、ボルドー第２大学副学長、准教授（14, 15, 34, 42, 64, 67, 94）

Vincent Tiberj　ヴァンサン・ティベリ、ボルドー政治学院教授（60, 72, 88）

Cécile Van de Velde　セシール・ヴァン・デ・ヴェルデ、モントリオール大学教授（1, 46, 79, 96）

Anne-Catherine Wagner　アンヌ=カトリーヌ・ワグナー、パリ第１大学社会学教授（39, 52, 54, 73）

Agnès van Zanten　アニエス・ヴァン・ザントン、フランス国立科学研究センター主任研究員（24, 25, 66, 81）

参考文献

本書の引用文献のなかで重要な文献

(1) Howard S. Becker, *Outsiders, Studies in the Sociology of Deviance* (1963), *Outsiders, Études de sociologie de la déviance* (1985).〔ハワード・S・ベッカー『アウトサイダーズ』村上直之訳、現代人文社、2011年〕

(2) Pierre Bourdieu, Jean-Claude Chamboredon, Jean-Claude Passeron, *Le métier de sociologue. Préalables épistémologiques* (1968).〔ピエール・ブルデュー、ジャン=クロード・シャンボルドン、ジャン=クロード・パスロン『社会学者のメチエ』田原音和・水島和則訳、藤原書店、1994年〕

(3) Pierre Bourdieu, *La domination masculine* (1998).〔ピエール・ブルデュー『男性支配』坂本さやか・坂本浩他訳、藤原書店、2017年〕

(4) Robert Castel, *La montée des incertitudes. Travail, protections, statut de l'individu* (2009).〔ロベール・カステル『社会喪失の時代：プレカリテの社会学』北垣徹訳、明石書店、2015年〕

(5) Émile Durkheim, *Les règles de la méthode sociologique* (1895).〔エミール・デュルケーム『社会学的方法の規準』宮島喬訳、岩波書店、1978年〕

(6) Émile Durkheim, *De la division du travail social* (1893).〔エミール・デュルケーム『社会分業論』田原音和訳、ちくま学芸文庫、2017年〕

(7) Erving Goffman, *Presentation of Self in Everyday Life* (1959), *La mise en scène de la vie quotidienne* (1992).〔アーヴィング・ゴッフマン『行為と演技――日常生活における自己呈示』石黒毅訳、誠信書房、1974年〕

(8) Bernard Lahire, *L'homme pluriel* (1995).〔ベルナール・ライール『複数的人間――行為のさまざまな原動力』鈴木啓之訳、法政大学出版、2013年〕

(9) Georg Simmel, *Soziologie. Untersuchungen über die Formen der Vergesellschaftung* (1908); *Sociologie, Étude sur les formes élémentaires de la socialisation* (1999).〔ゲオルク・ジンメル『社会

学——社会化の諸形式についての研究』上・下、居安正訳、白水社、1994年、2016年〕

（10） Ferdinand Tönnies, *Gemeinschaft und Gesellschaft* (1887); *Communauté et société*, tr. fr. par Niall Bond et Sylvie Mesure (2010).〔テンニエス『ゲマインシャフトとゲゼルシャフト』上・下、杉之原寿一訳、岩波書店、1957年〕

（11） Max Weber, *Wirtschaft und Gesellschaft* (1922); *Economie et Société* (1995).〔マックス・ヴェーバー『社会学の根本概念』清水幾太郎訳、岩波書店、1972年〕

（12） Max Weber, *Die protestantische Ethik und der Geist des Kapitalismus* (1920); *L'éthique protestante et l'esprit capitalisme* (2004).〔マックス・ヴェーバー『プロテスタンティズムの倫理と資本主義の精神』大塚久雄訳、岩波書店、1989年〕

ポーガムの著書

（13） Serge Paugam, *Les formes élémentaires de la pauvreté* (2005).〔セルジュ・ポーガム『貧困の基本形態——社会的紐帯の社会学』河野英二・中条健志訳、新泉社、2016年〕

社会学事典

日本社会学会・社会学事典刊行委員会編『社会学事典』丸善出版、2010年

日本社会学会・理論応用事典刊行委員会編『社会学理論応用事典』丸善出版、2017年

原注

第一章　姿勢

（1）Émile Durkheim, *Les règles de la méthode sociologique*, Paris, PUF, [1895], 1986, p. 137.〔参考文献（5）〕

（2）Émile Durkheim, *Le suicide*, Paris, PUF « Quadrige », [1897], 1990.〔エミール・デュルケーム『自殺論』宮島喬訳、中公文庫、2018年〕

（3）Max Weber, *L'éthique protestante et l'esprit du capitalisme*, Paris, Gallimard, [1905], 2004.〔参考文献（12）〕

（4）Wilhelm Dilthey, *Einleitung in die Geisteswissenschaften* (1883) trad. par Sylvie Mesure, *Introduction aux sciences de l'esprit*, Paris, Cerf, 1992.〔ヴィルヘルム・ディルタイ「精神科学序説」『ディルタイ全集（第1巻、第2巻）精神科学序説I、II』法政大学出版局、2006年〕

（5）Pierre Bourdieu, Jean-Claude Chamboredon, Jean-Claude Passeron, *Le métier de sociologue. Préalables épistémologiques,* Paris, Éd. de l'EHESS, [1968], 2005.〔参考文献（2）〕

（6）Jean-Claude Passeron, *Le raisonnement sociologique. Un espace non poppérien de l'argumentation*, Paris, Nathan, 1991.〔ジャン=クロード・パスロン『社会学的推論――論証の非ポパー的空間』〕

（7）Émile Durkheim, *Les règles de la méthode sociologique, op. cit.*, p. 148.〔参考文献（5）〕

（8）Jean-Claude Passeron, *Le raisonnement sociologique, op. cit.*〔パスロン『社会学的推論』前掲書〕

（9）Max Weber, « Essai sur le sens de la neutralité axiologique dans les sciences sociologiques et économiques » in *Essai sur la théorie de la science*, trad. par Julien Freund, Paris, Plon, 1965.〔ウェーバー「社会科学、経済科学における価値自由の意味についての試論」『科学理論についてのエッセイ』〕

（10）Léo Strauss, *Droit naturel et histoire*, Paris, Plon, 1954, chap. II, p. 367-433.〔レオ・シュトラウス『自然権と歴史』塚崎智・石崎嘉彦訳、ちくま学芸文庫、2013年〕

（11）Raymond Aron, Préface à M. Weber, *Le savant et le politique*, trad. par J. Freund, Paris, Plon, 1959.〔レイモン・アロン、ヴェーバー『知識人と政治』の前書き〕

(12) *Le métier de sociologue, op. cit.*〔参考文献(2)〕

(13) Thomas Kuhn, *La structure des révolutions scientifiques*, Paris Flammarion, 1972.〔トーマス・クーン『科学革命の構造』中山茂訳、みすず書房、1971年〕

(14) Émile Durkheim, *Les règles de la méthode sociologique, op. cit.*, p. 31.〔参考文献(5)〕

(15) *Ibid*. p. 16.〔同書〕

(16) *Ibid*. p. 15.〔同書〕

(17) *Ibid*. p. 16.〔同書〕

(18) *Ibid*. p. 17.〔同書〕

(19) *Ibid*. p. 27.〔同書〕

(20) *Le métier de sociologue, op. cit.*, p. 27.〔参考文献(2)〕

(21) *Ibid*. p. 28.〔同書〕

(22) Alvin Ward Gouldner, *The Coming Crisis of Western Sociology*, New-York, Avon Books, 1970.〔アルヴィン・ワード・グールドナー『西欧社会学の来るべき危機』〕

(23) Pierre Bourdieu, Loïc Wacquant, *Réponses*, Paris, Seuil, 1992.〔ピエール・ブルデュー、ロイック・ヴァカン『リフレクシヴ・ソシオロジーへの招待――ブルデュー、社会学を語る』水島和則訳、藤原書店、2007年〕

(24) Michael Burawoy, « L'étude de cas élargie. Une approche réflexive, historique et comparée de l'enquête de terrain » *in* Daniel Cefaï (dir.), *L'enquête de terrain*, Paris, La Découverte, 2003, p. 438.〔マイケル・ブラヴォイ「拡大ケース研究――現地調査の再帰的、歴史的、比較的アプローチ」、ダニエル・スファイ編『現地調査』〕

(25) 以下を参照のこと。Ulrich Beck, Anthony Giddens, Scott Lash, *Reflexive Modernization. Politics, Tradition and Aesthetics in the Modern Social Order*, Cambridge, Polity Press, 1994 ; Anthony Giddens, *Modernity and Self-Identity. Self and Society in the Late Modern Age*, Cambridge, Polity Press, 1991.〔ウルリッヒ・ベック、アンソニー・ギデンズ、スコット・ラッシュ『再帰的近代化――近現代における政治、伝統、美的原理』松尾精文・小幡正敏・叶堂隆三訳、而立書房、1997年/アンソニー・ギデンズ『モダニティと自己アイデンティティ――後期近代における自己と社会』秋吉美都・安藤太郎・筒井淳也訳、東京、ハーベスト社、2005年〕

第二章　方法論

（1）Pierre Bourdieu, Loïc Wacquant, *Réponses, op, cit.*, p 52.〔ブルデュー、ヴァカン『リフレクシヴ・ソシオロジーへの招待』前掲書〕

（2）Pierre Bourdieu, *Homo academicus*, Paris, Minuit, 1984.〔ピエール・ブルデュー『ホモ・アカデミクス』〕

（3）Alain Touraine, *La voix et le regard*, Paris, Seuil, 1978.〔アラン・トゥレーヌ『声とまなざし 新装——社会運動の社会学』梶田孝道訳、新泉社、2011年〕

（4）Vincent de Gaulejac, Fabienne Hanique, Pierre Roche, *La sociologie clinique. Enjeux théoriques et méthodologiques*, Ramonville-Saint-Agne, Erès, 2007.〔ヴァンサン・ド・ゴルジャク、ファビエンヌ・アニック、ピエール・ロッシュ『臨床社会学——その理論的・方法論的課題』〕

（5）Georges Lapassade « Analyse institutionnelle et socioanalyse », *Connexions*, n° 7, 1973.〔ジョルジュ・ラパサード「制度分析と社会分析」『コネクシオン』〕を参照。

（6）Jean-Claude Passeron, *Le raisonnement sociologique, op. cit.*〔パスロン『社会学的推論』前掲書〕

（7）France Guérin-Pace, Olivia Samuel et Isabelle Ville, *En quête d'appartenances. L'enquête Histoire de vie sur la construction des identités*, Éditions de l'INED, coll. « Grandes enquêtes », 2009.〔フランス・ゲラン=パス、オリヴィア・サミュエル、イザベル・ヴィル『所属を探して——アイデンティティ構築に関するライフヒストリー調査』フランス国立人口統計学研究所編（シリーズ「大規模調査」）〕

（8）Alain Degenne, *Introduction à l'analyse des données longitudinales*, Sciences Humaines, coll. « Méthodes quantitatives pour les sciences sociales », 2001.〔アラン・ドジャンヌ『縦断的データ分析序論』人文科学社（シリーズ「社会科学のための量的方法」）〕

（9）Émile Durkheim, *Les règles de la méthode, op. cit.*, p. 32.〔参考文献（5）〕

（10）*Ibid*. p. 79.〔同書、邦訳p. 172〕

（11）Patrick Tacussel, « La sociologie interprétative. Un tournant post-empiriste dans les sciences humaines en France » *in* Berthelot Jean-Michel (dir.), *La sociologie française contemporaine*, Paris, PUF, 2000,

p. 117-127.〔パトリック・タキュセル「解釈的社会学——フランス人文科学におけるポスト経験論的転回」、ジャン=ミシェル・ベルトロ編『現代フランス社会学』〕

(12) Jean Piaget, *La représentation du monde chez l'enfant*, Paris, PUF, 1926.〔ジァン・ピアジェ『臨床児童心理学〈二〉児童の世界観』大伴茂訳、同文書院、1955年〕

(13) Stéphane Beaud, « L'usage de l'entretien en sciences sociales. Plaidoyer pour l'« entretien ethnographique », *Politix*, 1996, n° 35.〔ステファーヌ・ボー「社会科学における面接法の使用——『エスノグラフィー的面接法』を弁護する」『ポリティクス』〕

(14) Jean-Claude Kaufmann, *L'entretien compréhensif*, Paris, Nathan, 1996.〔ジャン=クロード・カウフマン『理解的面接法』〕

(15) Jean Copans, *L'enquête ethnologique de terrain*, Paris, Nathan, 1998.〔ジャン・コパン『現地の民俗学的調査』〕

(16) Louis M. Smith., « Ethnography », *Encyclopedia of Educational Research*, 5th edition, New York, Macmillan, 1982.〔ルイス・M・スミス「エスノグラフィー」『教育研究百科』〕

(17) Barney G. Glaser, Anselm L. Strauss, *The Discovery of Grounded Theory. Strategies for Qualitative Research*, Chicago, Aldine Pub. Co., 1967.〔バーニー・G・グレイザー、アンセルム・L・ストラウス『データ対話型理論の発見——調査からいかに理論をうみだすか』後藤隆・大出春江・水野節夫訳、新曜社、1996年〕

(18) Olivier Schwartz, « L'empirisme irréductible », postface à Nels Anderson, *Le Hobo. Sociologie du sans-abri*, Paris, Nathan, 1993.〔オリヴィエ・シュヴァルツ「経験的方法の縮約不可能性」(ネルス・アンダーソン『ホーボー——ホームレスの人たちの社会学』仏訳版あとがき) より〕

(19) Jean-Claude Passeron, « Ce que dit un tableau et ce qu'on en dit » in *Le raisonnement sociologique, op. cit.*〔パスロン「表が語ることとそれについて語られること」『社会学的推論』前掲書〕

(20) Max Weber, *Essais sur la théorie de la science*, Paris, Pocket, [1904-1917], 1992, p. 181.〔マックス・ヴェーバー『社会科学と社会政策にかかわる認識の「客観性」』富永祐治・立野保男訳、折原浩補訳、岩波書店、1998年、113頁。なお傍点による強調は上に示す仏訳版に準じた〕

(21) Max Weber, *Économie et Société*, Paris, Pocket, [1921], 1995, tome I, p. 55 *sq*.〔マックス・ヴェーバー『社会学の根本概念』清水幾太郎訳、岩波書店、1972年、39頁以下〕〔参考文献(11)〕

第三章　概念

(1) Antonio Gramsci, *Cahiers de prison*, Paris, Gallimard, 1978.〔アントニオ・グラムシ『獄中ノート』著作集、松田博編訳、明石書房、2011-2013年〕

(2) Theodor W. Adorno, Max Horkheimer, *La dialectique de la raison*, Paris, Gallimard, [1944], 1974.〔テオドール・W・アドルノ、マックス・ホルクハイマー『啓蒙の弁証法』徳永恂訳、岩波書店、2007年〕

(3) Pierre Bourdieu, Alain Darbel, Jean-Pierre Rivet, Claude Seibel, *Travail et travailleurs en Algérie*, Paris-La Haye, Mouton, 1963.〔ピエール・ブルデュー、アラン・ダルベル『アルジェリアにおける労働と労働者』〕

(4) Robert K. Merton, « Social structure and anomie », *American Sociological Review*, 1938.〔ロバート・K・マートン「社会構造とアノミー」『アメリカ社会学評論』〕

(5) Philippe Besnard, *L'anomie. Ses usages et ses fonctions dans la discipline sociologique depuis Durkheim*, Paris, PUF, 1987.〔フィリップ・ベナール『アノミー——デュルケム以来の社会学におけるその用法と役割』〕

(6) Pierre Bourdieu, « Les trois états du capital culturel », *Actes de la recherche en sciences sociales*, 1979, n° 30, p. 3-6.〔ピエール・ブルデュー「文化資本の三つの姿」『社会科学の研究活動』〕

(7) James Coleman, « Social Capital in the Creation of Human Capital », in *American Journal of Sociology*, 1988, 94 Supplement, p. 95-120 ; Robert Putnam, *Bowling Alone; The Collapse and Revival of American Community*, New York, Simon and Schuster, 2000.〔ジェームズ・コールマン「人的資本の形成における社会資本」『アメリカ社会学ジャーナル』; ロバート・パットナム『孤独なボウリング——米国コミュニティの崩壊と再生』柴内康文訳、柏書房、2006年〕

(8) Mark S. Granovetter, « The Strength of Weak Ties », *American Journal of Sociology*, 1973, 78 (6), p. 1360-1380 ; Nan Lin, « Social Resources and Instrumental Action », *in* Peter V. Marsden, Nan

Lin, (eds.), *Social Structure and Network Analysis*, Beverly Hills, Sage, 1982, p. 131-145.〔マーク・グラノヴェッター「弱い紐帯の強み」『アメリカ社会学ジャーナル』;ナン・リン「社会資源と行動手段」ペーター・マースデン、ナン・リン『社会構造とネットワーク分析』〕

(9) Howard S. Becker, *Outsiders. Études de sociologie de la déviance*, Paris, Métailié. [1963], 1985.〔参考文献（1）〕

(10) Everett Hughes, *Men and Their Work*, Westport, Greenwood Press Reprint, [1958], 1981, p. 63. また以下を参照、Everett Hughes, « Carrières, cycles et tournants de l'existence » および « carrière » in *Le regard sociologique*, Paris, EHESS, 1996.〔エヴェレット・ヒューズ『人間と仕事』;「キャリア、サイクル、生存の転換」および「キャリア」『社会学のまなざし』〕

(11) Erving Goffman, *Asiles. Études sur la condition sociale des malades mentaux*, Paris, Minuit, [1961], 1968, p. 179.〔アーヴィング・ゴッフマン『アサイラム——施設被収容者の日常世界』石黒毅訳、誠信書房、1984年〕

(12) Pierre Bourdieu, Loïc Wacquant, *op. cit.*〔ブルデュー、ヴァカン『リフレクシヴ・ソシオロジーへの招待』前掲書〕

(13) Anselm L. Strauss, « Une perspective en termes de monde social », *La trame de la négociation*, Paris, L'Harmattan, 1991, p. 269-282.〔アンセルム・L・ストラウス「社会的世界のパースペクティブ」『交渉の網目』〕

(14) Pierre Bourdieu, *Les règles de l'art*, Paris, Seuil, 1992 ; Pierre Bourdieu, *Science de la science et réflexivité*, Paris, Raisons d'Agir, 2001.〔ピエール・ブルデュー『芸術の規則（1・2）』石井洋二郎訳、藤原書店、1995-1996年；ピエール・ブルデュー『科学の科学——コレージュ・ド・フランス最終講義』加藤晴久訳、藤原書店、2010年〕

(15) Ferdinand Tönnies, *Gemeinschaft und Gesellschaft* (1887); *Communauté et société*, tr. fr. par Niall Bond et Sylvie Mesure, Paris, PUF, 2010.〔参考文献（10）〕

(16) この節は、この概念の次の考察にほぼ依拠している。Jean-Hugues Déchaux, « Sur le concept de configuration : quelques failles dans la sociologie de Elias Norbert », *Cahiers internationaux de Sociologie*, 1995, vol. 99, p. 293-313.〔ジャン=ユーグ・デショ「布置の概念について——ノルベルト・エリアスのいくつかの不整合」『国際社会

学評論』〕

(17) Roger Chartier, « Conscience sociale et lien social, avant-propos à *La société des individus* », *in* Norbert Elias, *La société des individus*, Paris, Fayatd, 1991, p. 7-29.〔ロジェ・シャルティエ「社会意識と社会的紐帯——『諸個人の社会』への序言」(仏訳版にのみ収録)、ノルベルト・エリアス『諸個人の社会』宇京早苗訳、法政大学出版会、2014年〕

(18) Norbert Elias, *Qu'est-ce que la sociologie?*, Paris, Pocket, [1970], 1981, p. 84.〔ノルベルト・エリアス『社会学とは何か——関係構造・ネットワーク形成・権力』徳安彰訳、法政大学出版局、1994年〕

(19) *Ibid*. p. 157.〔同書〕

(20) Jean-Hugues Déchaux, *ibid*., p. 300.〔デショ「布置の概念について」同書〕

(21) Bernard Lahire, *La condition littéraire, La double vie des écrivains*, Paris, La Découverte, coll. « Textes à l'appui », 2006.〔ベルナール・ライール『文学の条件——作家の二重の生』〕

(22) James March, Herbert Simon, *Organizations*, New York, Wiley, 1958.〔ジェームズ・G・マーチ、ハーバート・A・サイモン『オーガニゼーションズ——現代組織論の原典』高橋伸夫訳、ダイヤモンド社、2014年〕

(23) Ralf Dahrendorf, *Classes et conflits de classes dans la société industrielle*, La Haye, [1957], 1972.〔ラルフ・ダーレンドルフ『産業社会における階級および階級闘争』富永健一訳、ダイヤモンド社、1964年〕

(24) Karl Marx, Friedrich Engels, *Manifeste du Parti communiste*, Paris, Flammarion, [1848], 1998.〔マルクス、エンゲルス『共産党宣言』大内兵衛・向坂逸郎訳、岩波文庫、1971年〕

(25) Max Weber, *Économie et société*, *op. cit.*〔参考文献 (11)〕

(26) Georg Simmel, *Le conflit*, Paris, Circé, [1908], 1995.〔ゲオルグ・ジンメル『闘争』〕

(27) Lewis A. Coser, *Les fonctions du conflit social*, Paris, PUF, [1956], 1982.〔ルイス・A・コーザー『社会闘争の機能』新睦人訳、新曜社、1978年〕

(28) Alain Touraine, *Production de la société*, Paris Seuil, 1973.〔アラン・トゥレーヌ『社会の生産』〕

(29) Émile Durkheim, *L'éducation morale*, Paris, PUF, 1925.〔エミール・デュルケム『道徳教育論』麻生誠・山村健訳、講談社学術文庫、2010年〕

(30) Norbert Elias, *La civilisation des mœurs*, Paris, Calmann-Lévy, 1969.〔ノルベルト・エリアス『文明化の過程』上・下、赤井慧爾ほか訳、法政大学出版会、2014年〕

(31) Leon Festinger, Hank Riecken et Stanley Schachter, *L'échec d'une prophétie. Psychologie sociale d'un groupe de fidèles qui prédisaient la fin du monde*, Paris, PUF, coll. «Psychologie sociale», [1956], 1993. tr. fr. Sophie Mayoux et Paul Rozenberg.〔レオン・フェスティンガー、ハンク・W・リーケン、スタンレー・シャクター『予言がはずれるとき――この世の破滅を予知した現代のある集団を解明する』水野博介訳、勁草書房、1995年〕

(32) Edgar Morin, *La rumeur d'Orléans*, Paris, Seuil, 1969.〔エドガール・モラン『オルレアンのうわさ――女性誘拐のうわさとその神話作用』杉山光信訳、みすず書房、1997年〕

(33) Pascal Sanchez, *Les croyances collectives*, Paris, PUF, coll. «Que sais-je?», 2009.〔パスカル・サンチェス『集団的信念』〕

(34) Diana Crane, *The Production of Culture : Media and the Urban Arts*, Newbury Park, CA, Sage Publication, 1992 ; Richard A. Peterson, R. & N. Anand, «The Production of Culture Perspective», *Annual Review of Sociology*, 2004 (30), p. 311-334.〔ダイアナ・クレーン『文化の生産――メディアと都市芸術』; リチャード・A・ペーターソン、R&Nアナンド「文化視点の生産」『年報社会学論集』〕

(35) Theodor W. Adorno et Max Horkheimer, *La dialectique de la raison*, 1994, tr. fr. Éliane Kaufholz, *op. cit.*〔アドルノ、ホルクハイマー『啓蒙の弁証法』前掲書〕

(36) Pierre Bourdieu, *La distinction, critique sociale du jugement*, Paris, Minuit, 1979.〔ピエール・ブルデュー『ディスタンクシオン――社会的判断力批判（1・2）』石井洋二郎訳、藤原書店、1990年〕

(37) Richard Hoggart, *The Uses of Literacy: Aspects of Working-Class Life with Special References to Publications and Entertainments*, [1957], tr. fr. *La culture du pauvre*, Paris, Minuit, 1970.〔リチャード・ホガート『読み書き能力の効用 新装版』香内三郎訳、晶文社、1986年〕

(38) Raymond Williams, *Culture and Society*, London, Chatto and Windus, 1958.〔レイモンド・ウィリアムズ『文化と社会——1780-1950』若松繁信・長谷川光昭訳、ミネルヴァ書房、2008年〕

(39) Robert Castel, « Les pièges de l'exclusion », *Lien social et Politiques — RIAC*, 1995, n° 34, p. 13-21.〔ロベール・カステル「排除の罠」『社会的紐帯と政治』〕

(40) Robert Castel, *La montée des incertitudes. Travail, protections, statut de l'individu*, Paris, Seuil, 2009.〔参考文献（4）〕

(41) Robert Castel, « De l'indigence à l'exclusion, la désaffiliation », *in* Jacques Donzelot (dir.), *Face à l'exclusion, le modèle français*, Paris, Éditions Esprit, 1991, p. 137-168.〔ロベール・カステル「貧しさから排除へ——帰属喪失」、ジャック・ドンズロ編『排除に面して、フランスのモデル』所収〕

(42) Georg Simmel, *Les pauvres*, Paris, PUF, coll. « Quadrige », [1908], 1998.〔ゲオルグ・ジンメル『貧者』〕

(43) Serge Paugam, *La disqualification sociale. Essai sur la nouvelle pauvreté*, Paris, PUF, coll. « Quadrige », [1991], 2000; *Les formes élémentaires de la pauvreté*, Paris, PUF. coll. « Le lien social », 2005.〔セルジュ・ポーガム『社会的降格』；参考文献（13）〕

(44) Paris, PUF, [1893], 1991.〔参考文献（6）〕

(45) Everett Hughes, *Le regard sociologique*, *op. cit.*, p. 89.〔ヒューズ『社会学のまなざし』前掲書〕

(46) *Ibid.*, p. 64.〔同書〕

(47) *Ibid.*, p. 81.〔同書〕

(48) Max Weber, *Économie et société*, 1. Les catégories de la sociologie, *op. cit.*〔参考文献（11）〕

(49) Pierre Bourdieu, *La distinction*, *op. cit.*, 1979 ; *Méditations pascaliennes*, Seuil, coll. « Liber », 1997 ; *La domination masculine*, Seuil, coll. « Liber », 1998.〔ブルデュー『ディスタンクシオン』前掲書；ブルデュー『パスカル的省察』加藤晴久訳、藤原書店、2009年；参考文献（3）〕

(50) Luc Boltanski, *De la critique. Une sociologie de l'émancipation*, Gallimard « NRF Essais », 2009.〔リュック・ボルタンスキー『批判について、解放の社会学』〕

(51) Nicole-Claude Mathieu, *L'anatomie politique*, Paris, Côté femmes,

1991.〔ニコル=クロード・マテュー『政治解剖学』〕

(52) Colette Guillaumin, *Sexe, race et pratique du pouvoir*, Paris, Odile Jacob, 1996.〔コレット・ギョーマン『性、人種、権力実践』〕

(53) Pierre Bourdieu, *La domination masculine*, Paris, Seuil, 1998.〔参考文献 (3)〕

(54) Françoise Héritier, *Masculin/féminin. La pensée de la différence*, Paris, Odile Jacob, 1996, p. 20.〔フランソワーズ・エリチエ『男性的なもの／女性的なものI 差異の思考』井上たか子・石田久仁子監修・翻訳、神田浩一・横山安由美訳、明石書店、2017年〕

(55) Christine Delphy, *L'énnemi principal*, Paris, Syllepse, 1998 ; Judith Butler, *Le trouble dans le genre*, Paris, La Découverte, 2005.〔クリスティーヌ・デルフィ『なにが女性の主要な敵なのか――ラディカル・唯物論的分析』井上たか子・杉藤雅子・加藤康子訳、勁草書房、1996年；ジュディス・バトラー『ジェンダー・トラブル――フェミニズムとアイデンティティの攪乱』竹村和子訳、青土社、2018年〕

(56) Pierre Bourdieu, *Le sens pratique*, Paris, Éditions de Minuit, 1980, p. 90.〔ピエール・ブルデュ『実践感覚 (1・2)』今村仁司・港道隆訳、みすず書房、2001年〕

(57) Pierre Bourdieu, *La distinction*, *op. cit.*〔ブルデュー『ディスタンクシオン』前掲書〕

(58) Pierre Bourdieu, *Méditations pascaliennes*, *op. cit.*〔ブルデュー『パスカル的省察』前掲書〕

(59) Benard Lahire, *L'homme pluriel*, Paris, Gallimard-Seuil, 1995.〔参考文献 (8)〕

(60) Alain Girard, « Le Choix du conjoint. Une enquête psycho-sociologique en France », *Cahiers de l'INED* n° 44, 1964.〔アラン・ジラード「配偶者の選択――フランスにおける社会心理調査」『国立人口学研究所評論』〕

(61) Michel Bozon, François Héran, *La Formation du couple*, Paris, La Découverte, coll. « Grands repères », 2006.〔ミシェル・ボゾン、フランソワ・エラン『カップルの形成』〕

(62) George H. Mead, *L'Esprit, le soi, et la société*, Paris, PUF, [1934], coll. « Le lien social », 2006.〔ジョージ・H・ミード『精神・自我・社会』河村望訳、人間の科学新社、2017年〕

(63) Erving Goffman, *La mise en scène de la vie quotidienne*, Tome II.

Les relations en public, Paris, Minuit, coll. «Le sens commun», [1973], 1992.〔参考文献（7）〕

（64）Peter Berger, Thomas Luckmann, *La construction sociale de la réalité*, Paris, Méridien Klincksieck, coll. «Sociétés», 1996.〔ピーター・L・バーガー、トーマス・ルックマン『現実の社会的構成』山口節郎訳、新曜社、2003年〕

（65）Claude Dubar, *La crise des identités*, Paris, PUF, coll. «Le lien social», 2000.〔クロード・デュバール『アイデンティティの危機』〕

（66）Erving Goffman, *Asiles. Études sur la condition sociale des malades mentaux*, *op. cit.*, p. 41.〔ゴッフマン『アサイラム』前掲書〕

（67）*Ibid.*, p. 38.〔同書〕

（68）*Ibid.*, p. 129.〔同書〕

（69）Charles Amourous et Alain Blanc, *Erving Goffman et les insitutions totales*, Paris, L'Harmattan, 2001.〔シャルル・アムル、アラン・ブラン『アーヴィング・ゴッフマンと全制的施設』〕

（70）Erving Goffman, *Asile., op. cit.*, p. 48.〔ゴッフマン『アサイラム』前掲書〕

（71）*Ibid.*, p. 245.〔同書〕

（72）Émile Durkhein, *Éducation et sociologie*, Pairs, PUF, [1922], 1975 ; William Thomas, Florian Znaniecki, *The Polish Peasant in Europe and America*, New York, Dover, 1958.〔エミール・デュルケーム『教育と社会学』佐々木交賢訳、誠信書房、1982年；ウィリアム・トマス、フロリアン・ズナニエツキ『生活史の社会学——ヨーロッパとアメリカにおけるポーランド農民』桜井厚訳、御茶の水書房、1983年〕

（73）Alejandro Portes, *The Economic Sociology of Immigration*, New York, Russel Sage Foundation, 1995.〔アレハンドロ・ポルテス『移民の社会経済』〕

（74）Mirna Safi, «Le processus d'intégration des immigrés en France : inégalités et segmentation», *Revue Française de Sociologie*, 2006, 47, 1, p. 3-48.〔ミルナ・サフィ「フランスにおける統合と移民の過程——不平等と分析」『フランス社会学誌』〕

（75）Dianne Pinderhughes, *Race and Ethnicity in Chicago Politics : a Reexamination of Pluralist Theory*, Chicago, University of Illinois Press, 1987.〔ダイアン・ピンダーヒューズ『シカゴの政治における人種と民族——多元主義政治の再検討』〕

(76) Rodney Hero, *Latinos and the U.S. Political System: Two Tiered Pluralism*, Philadelphia, Temple University Press, 1992.〔ロドニー・ヒーロー『ラテン人とアメリカ政治システム――二つの重層化した多元政治』〕

(77) Georg Simmel, *Sociologie et épistémologie*, Paris, PUF, coll. «Sociologies», 1989.〔ゲオルグ・ジンメル『社会学と認識論』〕

(78) Erving Goffman, *Les rites d'interaction*, Paris, Minuit, 1974.〔アーヴィング・ゴッフマン『儀礼としての相互作用――対面行動の社会学』広瀬英彦・安江孝司訳、法政大学出版局、1986年〕

(79) Anselm Strauss, *Miroirs et masques*, Pairs, Métailié, 1994.〔アンセルム・ストラウス『鏡と仮面――アイデンティティの社会心理学』片桐雅隆監訳、世界思想社、2001年〕

(80) Georg Simmel, *Sociologie. Études sur les formes de la socialisation*, Paris, PUF, coll. «Sociologies», [1908], 1999.〔ゲオルグ・ジンメル『社会学――社会化の形式に関する研究』〕

(81) Robert Erikson, John H. Goldthorpe, *The Constant Flux : A Study of Class Mobility in Industrial Societies*, Oxford, Oxford Universlty Press, 1992.〔ロバート・エリクソン、ジョン・H・ゴールドソープ『絶え間なき流動――産業社会における階級移動の研究』〕

(82) Adam Swift, «Would Perfect Mobility be Perfect ?», *European Sociological Review*, 2004, n° 20, p. 1-11.〔アダム・スウィフト「完全な移動は完全なのか？」『ヨーロッパ社会学評論』〕

(83) Jonathan Gershuny, «Beating the Odds (1): inter-generational social mobility from a human capital perspective», Institute for Social and Economic Research, *Working paper*, N° 2002-17 ; «Beating the Odds (2) : inter-generational social mobility from a human capital perspective», Institute for Social and Economic Research, *Workng paper*, N° 2002-18.〔ジョナサン・ガーシュニー「逆境に打ち勝つ（1）――人的資本の観点から見た世代間社会移動」、社会経済研究院『ワーキングペーパー』および「逆境に打ち勝つ（2）」、同誌〕

(84) Émile Durkheim, *L'Éducation morale, op. cit.*〔デュルケム『道徳教育論』前掲書〕

(85) Peter Berger, Thomas Luckmann, *La Construction sociale de la réalité*, Paris, A. Colin, [1966], 2006.〔ピーター・バーガー、トーマ

ス・ルックマン『現実の社会的構成──知識社会学論考』山口節郎訳、新曜社、2003年〕

(86) Howard S. Becker, *Outsiders, op. cit.*〔参考文献(1)〕

(87) Michel Crozier, *Le Phénomène bureaucratique*, Paris, Seuil, 1963.〔ミシェル・クロジエ『官僚制現象』〕

(88) Erhard Friedberg, *Le Pouvoir et la règle*, Paris, Seuil, 1993.〔エアハルト・フリードベルグ『権力と規則』〕

(89) Jean-Daniel Reynaud, *Les Règles du jeu. L'action collective et la régulation sociale*, Paris, A. Colin, 1989.〔ジャン＝ダニエル・レイノー『ゲームの規則──集合行為と社会調整』〕

(90) Michel Crozier, Erhard Friedberg, *L'acteur et le système. Les contraintes de l'action collective*, Paris, Seuil, 1977.〔ミシェル・クロジエ、エアハルト・フリードベルグ『行為者とシステム──集合行為の拘束』〕

(91) Max Weber, *Économie et société*, tome. I, *op. cit.*, p. 95.〔参考文献(11)、86頁〕

(92) Talcott Parsons, *Politics and Social Structure*, New York, The Free Press, 1969.〔タルコット・パーソンズ『政治と社会構造(上・下)』新明正道監訳、誠信書房、1973-1974年〕

(93) François Chazel, *Du pouvoir à la contestation*, Paris, L.G.D.J., 2003.〔フランソワ・シャゼル『権力から係争へ』〕

(94) Robert Dahl, *Qui gouverne ?*, Paris, A. Colin, [1961], 1973.〔ロバート・ダール『統治するのはだれか──アメリカの1都市における民主主義と権力』河村望・高橋和宏監訳、行人社、1988年〕

(95) Charles Wright-Mills, *L'élite du pouvoir*, Paris, Maspero, [1956], 1969.〔チャールズ・ライト・ミルズ『パワー・エリート(上・下)』鵜飼信成・綿貫譲治訳、東京大学出版会、2000年〕

(96) Michel Foucault, *La volonté de savoir*, Gallimard, Paris, 1976.〔ミシェル・フーコー『知への意志』渡辺守章訳、新潮社、1986年〕

(97) Talcott Parsons, *Éléments pour une sociologie de l'action*, Paris, Plon, [1937], 1955.〔タルコット・パーソンズ『社会的行為の構造』稲上毅・厚東洋輔訳、木鐸社、1976年〕

(98) Everett Hughes, *Le regard sociologique, op. cit.*〔ヒューズ『社会学のまなざし』前掲書〕

(99) Florent Champy, *La sociologie des professions*, Paris, PUF, coll.

«Quadrige Manuels», 2009.〔フローラン・シャンピー『職業の社会学』〕

（100）以下の文献を参照のこと。Didier Demazière, Charles Gadéa (dir.), *Sociologie des groupes professjonnels. Acquis récents et nouveaux défis*, Paris, La Découverte, coll. «Recherches», 2009 ; Claude Dubar et Pierre Tripier, *Sociologie des professions*, Paris, A. Colin, coll. «U», 2005.〔ディディエ・ドマジエール、シャルル・ガディア編『職業集団の社会学――最新知識と新たな難題』; クロード・デュバール、ピエール・トリピエ『職業の社会学』〕

（101）Marcel Mauss, *Essai sur le don*, Paris, PUF, coll. «Quadrige», [1925], 2007.〔マルセル・モース『贈与論』吉田禎吾・江川純一訳、ちくま学芸文庫、2009年〕

（102）*Op. cit.*〔デュルケム『道徳教育論』前掲書〕

（103）以下を参照のこと。Bernard Manin, *Principes du gouvernement représentatif*, Paris, Champs-Flammarion, 1996.〔ベルナール・マナン『代表制統治の原理』〕

（104）Giovanni Sartori, *Théorie de la démocratie*, tr. fr., Paris, A. Colin, [1957], 1973.〔ジョヴァンニ・サルトーリ『民主主義の理論』〕

（105）Gordon Allport, *The Nature of Prejudice*, Cambridge, Addison-Wesley, 1954.〔ゴードン・W・オルポート『偏見の心理』原谷達夫・野村昭訳、培風館、1968年〕

（106）Pierre Bourdieu et Jean-Claude Passeron, *La reproduction, éléments pour une théorie du système d'enseignement*, Paris, Minuit, 1970.〔ピエール・ブルデュー、ジャン=クロード・パスロン『再生産〔教育・社会・文化〕』宮島喬訳、藤原書店、1991年〕

（107）Pierre Bourdieu, *La Noblesse d'État. Grandes écoles et esprit de corps*, Paris, Minuit, 1989.〔ピエール・ブルデュー『国家貴族〔エリート教育と支配階級の再生産〕（1・2）』立花英裕訳、藤原書店、2012年〕

（108）Pierre Mercklé, *Sociologie des réseaux sociaux*, Paris, La Découverte, coll. «Repères», 2004.〔ピエール・メルクレ『社会的ネットワークの社会学』〕

（109）John A. Barnes, «Class and Committees in a Norwegian Island Parish», *Human Relations*, 1954, 7, p 39-58.〔ジョン・A・バーンズ「ノルウェーのある島の教区における階級と委員会」『人間関係』〕

（110）Alain Degenne et Michel Forsé, *Les réseaux sociaux. Une approche*

structurale en sociologie, Paris, A. Colin, coll. « U », [1994], 2004.〔アラン・ドジャンヌ、ミシェル・フォルセ『社会的ネットワーク――社会学における構造的アプローチ』〕

(111) Emmanuel Lazega, *Réseaux sociaux et structures relationnelles*, Paris, PUF, coll. « Que sais-je ? », [1998], 2007.〔エマニュエル・ラゼガ『社会的ネットワークと関係構造』〕

(112) George H. Mead, *L'Esprit, le Soi et la Sociélé*, Paris, PUF, [1934], *op. cit.*〔ミード『精神・自我・社会』前掲書〕

(113) Robert Linton, *The Study of Man*, New York, Appleton Century, 1936.〔ロバート・リントン『人間の研究』〕

(114) Erving Goffman, [1961], « La "distance au rôle" en salle d'opération », *Actes de la recherche en sciences sociales*, 2002, vol. 3, n° 143, p. 80-87.〔アーヴィング・ゴッフマン「手術室の役割距離」[1961年]、『社会科学の研究活動』〕

(115) William Isaac Thomas, *The Unadjusted Girl*, Montclair (NJ), Patterson Smith, [1923], 1969, p. 41、以下も参照のことWilliam Isaac Thomas, Dorothy Swaine Thomas, *The Child in America*, New York, Knopf, [1928], 1938, p. 571-572.〔ウィリアム・アイザック・トマス『不適応少女』;ウィリアム・アイザック・トマス、ドロシー・スウェーン・トマス『アメリカの子ども』〕

(116) George H. Mead, *L'Esprit, le soi, et la société*, *op. cit.*〔ミード『精神・自我・社会』前掲書〕

(117) Peter L. Berger, Thomas Luckmann, *La construction sociale de la réalité*, *op. cit.*〔バーガー、ルックマン『現実の社会的構成』前掲書〕

(118) Émile Durkheim, *Éducation et sociologie*, *op. cit.*〔デュルケム『教育と社会学』前掲書〕

(119) Émile Durkheim, *De la division du travail social*, Paris, PUF, coll. « Quadrige » [1893], 2007.〔参考文献(6)〕

(120) Erving Goffman, *Stigmate. Les usages sociaux du handicap*, Paris, Les Éditions de Minuit, [1963], 1975, p. 57.〔アーヴィング・ゴッフマン『スティグマの社会学――烙印を押されたアイデンティティ』石黒毅訳、せりか書房、2016年、80頁〕

(121) Jarnes S. Coleman, *Foundations of Social Theory*, Cambridge, Belknap Press, 1998.〔ジェームズ・S・コールマン『社会理論の基礎(上・下)』久慈利武監訳、青木書店、2004-2006年〕

(122) Michel Crozier, Erhard Friedberg, *L'acteur et le système*, *op. cit.*〔クロジエ、フリードベルグ『行為者とシステム』前掲書〕

(123) Pierre Bourdieu, *Le sens pratique, op. cit.*〔ブルデュー『実践感覚』前掲書〕

(124) Stanislaw Ossowski, *Class Structure in the Social Conciousness*, Londres, Routledge & Kegan Paul, 1963.〔スタニスワフ・オソウスキー『社会意識と階級構造』細野武男・大橋隆憲訳、法律文化社、1967年〕

(125) Gerhard E. Lenski, «Status Crystallization: A Non-Vertical Dimension of Social Status», *American Sociological Review*, 1954, vol. 19, n° 4, p. 405-413.〔ゲルハルト・E・レンスキー「地位の結晶化——社会的地位の非垂直的側面」『アメリカ社会学評論』〕

第四章　社会的属性

(1) Erik Olin Wright, *Classes*, Londres, Verso, 1985.〔エリック・オリン・ライト『階級』〕

(2) Robert Erickson, John Goldthorpe, Lucienne Portocarrero, «Intergenerational Class Mobility in Three Western European Societies», *The British Journal of Sociology*, 1979, n° 30, p. 30; 415-441.〔ロバート・エリクソン、ジョン・ゴールドソープ、ルシエンヌ・ポルトカレッロ「三つの西欧社会における階級の世代間移動」『英国社会学ジャーナル』〕

(3) Laurent Thévenot, Alain Desrosières, *Les catégories socioprofessionnelles*, Paris, La Découverte, coll. «Repères», 1988.〔ロラン・テブノ、アラン・デロジエール『職業別社会カテゴリー』〕

(4) Émile Durkheim, Victor Karady, *Textes 3. Fonctions sociales et institutions*, Paris, Minuit, 1975.〔エミール・デュルケム、ヴィクトール・カラディ『テキスト3、社会機能と制度』〕

(5) Talcott Parsons & Robert F. Bales, *Family, Socialization and Interaction Process,* Glencoe, Free Press, 1955.〔タルコット・パーソンズ、ロバート・F・ベールズ『家族——核家族と子どもの社会化』橋爪貞雄ほか訳、黎明書房、2001年〕

(6) Philip Converse, «The nature of Belief Systems in Mass Publics» *in* David Apter (ed.), *Ideology and Discontent*, New York, Free Press, 1964.〔フィリップ・コンバース「巨大な大衆における信念システ

ムの本質」、デビッド・アプター編『イデオロギーと不平』〕

(7) Pierre Bourdieu, *La distinction, op. cit.*〔ブルデュー『ディスタンクシオン』前掲書〕

(8) Paul Sniderman, «Les nouvelles perspectives de la recherche sur l'opinion publique», *Politix*, 1998, n° 41, p. 123-175.〔ポール・スナイダーマン「世論研究の新たな展望」『ポリティクス』〕〕

(9) Paul Lazarsfeld, Bernard Berelson, Hazel Gaudet, *The People's Choice How the Voter Makes up his Mind in a Presidential Campaign*, New York, Columbia University Press, [1944], 1968.〔ポール・F・ラザースフェルド、バーナード・ベレルソン、ヘーゼル・ゴーデット『ピープルズ・チョイス――アメリカ人と大統領選挙』有吉広介ほか訳、芦書房、1987年〕

(10) Nonna Mayer, «Pas de chrysanthème pour les variables sociologiques» in Élisabeth Dupoirier et Gérard Grunberg (dir.), *Mars 1986 : la drôle de défaite de la gauche*, Paris, PUF «Recherches politiques», 1986, p. 149-165.〔ノンナ・メイヤー「社会学的変数のための菊の花はない」、エリザベス・デュポワリエ、ジェラール・グルンベルグ編『1986年3月、左派の奇妙な敗北』〕

(11) Anthony Downs, *An Economic Theory of Democracy*, New York, Harper Collins, 1957.〔アンソニー・ダウンズ『民主主義の経済理論』古田精司監訳、成文堂、1980年〕

(12) Herbert Kitschelt, *The Radical Right in Western Europe*, Ann Arbor, University of Michigan Press, 1995.〔ハーバート・キッツシェルト『西ヨーロッパにおけるラディカルな権利』〕

(13) Colette Guillaumin, *Sexe, race et pratique du pouoir. L'idée de nature*, Paris, Côté-femmes, 1992.〔コレット・ギョーマン『性、人種、権力実践――自然の概念』〕

(14) Elsa Dorlin *Black feminism. Anthologie du féminisme africain-américain, 1975-2000*, Paris, L'Harmattan, 2008.〔エルサ・ドーラン『黒人フェミニズム、アフリカ系米国人フェミニズムのアンソロジー、1975-2000』〕

(15) Elijah Anderson, *Streetwise: Race, Class and Change in an Urban Community*, Chicago, University of Chicago Press, 1990 ; Kimberlé Crenshaw, «Cartographie des marges : Intersectionnalité politiques de l'identité et violences contre les femmes de couleur», *Les Cahiers*

du genre, 2005, nº 39.〔イライジャ・アンダーソン『ストリート・ワイズ――人種/階層/変動にゆらぐ都市コミュニティに生きる人びとのコード』奥田道大・奥田啓子訳、ハーベスト社、2003年;キンバレー・クレンショー「辺縁のカルトグラフィー――交差性、有色人種の女性に対する暴力とアイデンティティのポリティクス」『ジェンダー研究』〕

(16) Yves Lambert, «La religion en France des années 1960 à nos jours», *Données sociales*, Paris, INSEE, 2002.〔イブ・ランベール「1960年代から今日までのフランスの宗教」『社会統計資料』〕

(17) Danièle Hervieu-Léger, *Le pèlerin et le converti. La religion en mouvement*, Paris, Flammarion, coll. «Champs», 1999.〔ダニエル・エルヴィウ=レジェール『巡礼者と改宗者』〕

(18) Thomas Laqueur, *La fabrique du sexe*, Paris, Gallimard, 1992.〔トマ・ラクール『性の製造』〕

(19) Angela Davis, *Femmes, race et classe*, Paris, Des femmes, 2007.〔アンジェラ・デイヴィス『女性、人種、階級』〕

(20) Danièle Kergoat, «Division sexuelle du travail et rapports sociaux de sexe» *in* Helena Hirata, Françoise Laborie, Danièle Senotier, Hélène Le Doaré (dir.), *Dictionnaire critique du féminisme*, Paris, PUF, 2000.〔ダニエル・ケルゴア「性別による労働の分割と性別をめぐる社会的諸関係」、ヘレナ・ヒラータ、フランソワーズ・ラボリ、ダニエル・スノティエ、エレーヌ・ル=ドアレ編『読む事典・女性学』志賀亮一・杉村和子監訳、藤原書店、2002年〕

(21) 以下を参照のこと、Talcott Parsons, *The Social System*, New-York, The Free Press, 1951: Bryan S. Turner, *Status*, Milton Keynes, Open University Press, 1988.〔タルコット・パーソンズ『社会体系論』佐藤勉訳、青木書店、1974年;ブライアン・S・ターナー『ステイタス』〕

(22) Max Weber, *Économie et société, op. cit.*〔参考文献(11)〕

(23) *L'École de Chicago. Naissance de l'écologie urbaine*, textes traduits et présentés par Yves Grafmeyer et Isaac Joseph, Paris, Aubier, coll. «Champs urbain», 1979.〔『シカゴ学派――都市生態学の誕生』イブ・グラフマイヤー、イサック・ジョセフ訳・解説〕

(24) Paul Jargowsky, *Poverty and Place: Ghettos, Barrios and the American City*, New York, Russell Sage Foundation, 1997.〔ポール・ジャルコフスキー『貧困と場所――ゲットー、バリオ、米国都市』〕

(25) Nicolas Renahy, *Les gars du coin. Enquête sur une jeunesse rurale*, Paris, La Découverte, 2005.〔ニコラ・ルナイ『片隅の少年たち――地方の若者に関する調査』〕

結び

(1) Raymond Aron, « Journaliste et Professeur » (Texte de la leçon d'ouverture de l'Institut des Hautes Études de Belgique), le 23 octobre 1959, *Revue de l'Université de Bruxelles*, mars-mai 1960, p. 2-10.〔レイモン・アロン「ジャーナリストと大学教員」(ベルギー高等研究院の開校記念講演)、『ブリュッセル大学紀要』〕

(2) Jean-Yves Trépos, *La sociologie de l'expertise*, Paris, PUF, coll. « Que sais-je ? », 1996.〔ジャン=イブ・トレポ『専門的診断の社会学』〕

(3) Catherine Paradeise, « Rhétorique professionnelle et expertise », *Sociologie du travail*, 1985, vol. XXVII, n° 1, p. 17-31.〔カテリーヌ・パラデーズ「専門家のレトリックと診断」『労働の社会学』〕

(4) Max Weber, *Le savant et le politique, op. cit.*〔ウェーバー『知識人と政治』前掲書〕

(5) *Ibid.*, p. 114.〔同書〕

(6) Raymond Aron, Introduction *in* Max Weber, *Le savant et le politique, op. cit.*, p. 10.〔レイモン・アロン「序論」、マックス・ウェーバー『知識人と政治』所収〕

(7) Marcel Mauss, *Œuvres*, tome III, « Cohésion sociale et divisions de la sociologie », Paris, Minuit, 1969, p. 233 ; Célestin Bouglé « Sociologie et démocratie », *Revue de métaphysique et de morale*, 1896, tome IV, p. 118.〔マルセル・モース『著作集第Ⅲ巻　社会的凝集性・社会学論』; セレスタン・ブグレ「社会学と民主主義」『形而上学・道徳評論』〕

(8) Pierre Bourdieu, « Célibat et condition paysanne », *Études rurales*, 5-6, 1962, p. 109.〔ピエール・ブルデュー『結婚戦略――家族と階級の再生産』丸山茂・小島宏・須田文明訳、藤原書店、2007年、p. 152〕

(9) Pierre Bourdieu, *Questions de sociologie*, Paris, Minuit, 1984, p. 7.〔ピエール・ブルデュー『社会学の社会学』田原音和監訳、藤原書店、1991年、p. 7〕